土地人民 岁月

上海社会思想与生活方式的影像遗产

张晴 编著

By Zhang Qing

魅影海上　｜　序言

张　晴

1843年前，上海在哪里？

当时的上海，只是20平方公里和仅有20万人口的小城镇。从此之后的158年间，这个小城镇之外的蜿蜒沙滩、江岸河边、良田村舍、芦苇湖荡、浜流溪涧，被来自不同语言的人群以不同的诉求不断填垦拓路，变更土地的形貌与归属。在世界性殖民的浪潮中，诸多西洋殖民激进分子和商贩纷纷登岸抢滩，圈地盘踞，像发现新大陆一般兴致勃勃，对这一片景色秀丽的江南渔村进行疯狂地掠夺与霸占，在这块连接长江入海口的风水宝地上点燃殖民与统治的欲望之火。这个欲望包含着全球化政治与经济的双重利益，从此几代各色各样的"淘金者"在这块土地上续薪继火，不灭的欲望之火百年燃烧，越烧越旺，透过莹璀的火帘我们眼前看到的正是这些若即若离的影像——"魅影海上"，这一部罕见的地方影像史恰如其分地显影出这块欲望的土地——上海。

在当今关于上海学的研究中，无论是追溯上海的文化历史演变，还是社会思想变迁，都离不开这块经历过翻天覆地变化的土地及其主人的变更。《魅影海上》记录了土地及人民的变更面貌，记录了土地上滚烫的欲望，记录了这座城市、道路及其各国建筑的日益膨胀，记录了一代又一代中外移民在"海上"淘金与春梦的"巡回排演"，记录了这座城市在苦难与狂喜、革命与保守、理想与灭亡之间跌宕起伏的无情岁月。这块土地是世界各种现代性在中国最巨大的实验室，在这里，不同国家的文化、不同民族的语言、不同宗教的信仰、不同地区的习俗及不同人种的血脉成功地进行混杂与交锋，所有这些力量都在爱恨交加的历史与现实中混杂出新的生命力，这一不断再生与更新的生命力铸造了这块坚韧的土地、光荣的人民和峥嵘的岁月。土地、人民、岁月滋养了上海这座城市：一种特殊的社会思想与生活方式。《魅影海上》中的百余幅照片作为这座城市的影像历史遗产，正体现了这块土地和人民的价值观与人生观。所有这一切，从影像技术及照像机发明之始，即为上海开埠与创业的百年岁月保留了一部完整的城市与人的影像历史及其底片档案。

在文学、音乐、电影、绘画……中，上海总是不断地被人们以各种不同的方式记录和回味着。无论是张爱玲笔下那个烽火杀戮声中却遮掩不住庸常气息的上海容颜，还是陈歌辛作品中玫瑰般香艳的上海格调，或是陈逸飞《踱步》中体现出的从无路中寻找出路的顽强的上海精神，上海的各种表情、各个角落、各种层面的性格都从笔尖、曲端、胶片和画布中呈现出来。

而今天，在这个大众消费时代，"物的体系"对人的包围已经形成，市场经济与商品消费已经成为人们主要的生活形式，人们的角色在信息接受者、消费者及传播者之间不断转换。在这个深刻的转变过程中，影像作为一个不可缺少的元素深深影响着我们的意识形态和生活质量。正如社会学家丹尼尔·贝尔所说，"声音和影像，尤其是后者，约定审美，主宰公众，在大众社会中，这几乎不可避免"。摄影能够留住时间的脚步，跨越文化界限，揭示事物本质，捕捉事件精华。影像对事物和生活的表达，比文学、音乐和绘画更直接、写实，更不容置疑。影像的直观性、影像信息展示与传播的同时性使得影像成为最能表现自然和社会真实面目的符号，也是能够最直接明确地传达意义的视觉符号系统。影像不把言语作为自己的内容，而是把外部世界作为其内容，把言语和思维表现的对象作为内容。《魅影海上》中的老照片演绎了几代上海移民的千言万语，这些影像扑面而来，逼近的不仅是旧人旧物，还有那城那景，及其挥之不去的悲欢离合。通过时间和空间的距离，观者获得了从日常生活中抽脱出来的"视野"，使人们在重温情境的同时，也由于审视视角的不同而对情境进行某种重塑和重新认识，这也恰是影像的魅力所在。因此，透过影像来解析上海的城市发展与社会变迁，不但是上海学研究的途径之一，也是提供给迷恋上海的人们一睹其芳容的满足。

在今天这样的影像时代、后世博时代、城市化时代的多重节点上，从影像中重新认识上海的土地、上海的人民、上海的岁月，有更现实的意义。《魅影海上》分别从土地、人民、岁月的理念出发，用老照片向我们展示从清末到解放初期，直至现代上海的百年容颜。这些照片来自当年众多无名的摄影师，辗转流传，被藏家悉心收藏，慷慨捐赠，到今天汇聚成册，十分宝贵。这段岁月，我们在其他形式的媒介中读到的也许是一种印象，也许是一种传说，而用摄影来描述的力量在于它的现场感和即时性，它的不容争辩，它的历历在目、掷地有声。这些摄影师用镜头在不同距离之外审视不同时代的上海，将城市与人不断地定格成像，用一种绝对的方式把观察者和被观察物分离，使得围绕城市活动的过程得以成型，增加了被观察对象的历史感和纵深感。用这样的方式重新释疑解惑这一段又一段历史时期上海的土地、上海的人民、上海的岁月，也许每个观者都会感同身受。

《魅影海上》的结构与研究紧紧围绕着三个层面而展开：第一是城市土地的变迁。这无疑是摄影师最容易选取的角度，也是最能体现城市变化的角度。同一个区域在不同的时期呈现出的不同地形地貌，使得上海的规划与发展形成清晰的脉络。其次是城市中的人民。对人民日常生活的关注，对历史上关键人物、关键事件的聚焦，则将对城市空间的描述推向更细微和丰富的层面，也是考察城市多元文化形成的重要线索。最后是通过前两者勾勒出城市在岁月流转中的诸多面孔与表情。这里最容易让人形成对城市的总体印象，使得上海的形象变得宏观且自信起来。

首先是土地。不是建筑，也不是城市。因为原本一切只是土地。建筑和城市建造、被改造、被摧毁、被重建，不变的是土地；土地上的人出生、成长、迁徙、死亡，见证和容纳一切的是且只能是土地。影像的传播特点改变了空间和时间的概念，形成了建立在人们认识基础上的虚拟的真实。穿梭在旧时的摄影里，上海这块土地的意义更丰富、更为凸显，这也正是影像的魅力所在。

魅者，魑魅、媚惑也。

魅影，或许是缠绕心头挥之不去的影像。"魅影海上"则是上海这座城市历经百年风雨，尝遍酸甜苦辣之后，留存在人们记忆深处的往事光影。它们可以随时浮现脑海，显影出"海上·上海"的影像生存，重新唤起这座城市百折不挠的进取心与信心。

"上海与世界"

晚清五口通岸以来，国内外商船群集长江口岸，上海迅速成为中国第一大商埠。黄浦江边租界林立，洋行开市，既带来耻辱，也造就特殊的发展机会。上海成了中国人通往世界的窗口。事实上，世界就存在于上海。20世纪30年代，上海城市建设突飞猛进，加之西洋建筑风格鲜明，俨然成为"东方的巴黎"。人们紧追着国际流行的脚步，无论在电影、美术、音乐、话剧、出版等等方面，上海均独步全国，光芒四射，成为一段永不磨灭的流金岁月。另一方面，帝国主义加速对中国的侵略，上海成为救亡运动的前沿。从"一·二八"到"八·一三"抗战，上海的抗敌行动成了中国必胜的象征。抗战胜利后，上海洗尽铅华，逐渐摆脱了被殖民的命运，步入了新中国的辉煌时代。

上海是一座充满着自我革命、自我解放与自我妖魔化的城市。她给不同时代的人们留下不同的启蒙现场、革命战场和情感剧场，《魅影海上》用影像讲述自从开埠以来的各个历史阶段的真相，它既对应着世界现代史的快进速度，又对应着中国晚清的潦败局面和辛亥革命前后的革命思潮与武装运动。老照片中对上海土地变迁的展现非常引人入胜。外滩的变化是上海变幻的象征：19世纪80年代，外滩各种洋行已初步形成外滩南面的建筑景观，部分尚未翻造的洋行仍然保留着宽敞的庭院，日益增多的浮动码头更增添了嘈杂的气氛；北面则还是一片滩淤，背后的天际线一片宽阔，一副刚开始兴建的模样。到20世纪30年代，放眼外滩建筑，明显高耸宏伟很多，已接近现在外滩建筑群的雏形，俨然已经成为殖民者、资本家、买办、政客、地下革命团体、爱国文人集聚的"乐园"。另一个让人觉得与今日差别较大的城市空间是福州路。老照片中展现的福州路是上海各种精英文化与娱乐文化汇聚之地，既是近代传媒的中心，也是风月场所，又是各种新式戏院的云集之地。当年福州路集中了《申报》、《新闻报》、《商报》等最有影响力的报馆，商务印书馆、中华书局、开明书局等最具地位的书局也荟集于此；同时又集中了近代都市娱乐与消费的茶楼、戏院和妓院。福州路上热闹非凡，文艺青年们白天在报馆高谈阔论，鼓吹变革，晚上到戏院里看戏，欣赏海派京剧，或者去青楼吃花酒，逍遥于这块疯狂都市的土地上。

摩登的上海沉浸在纸醉金迷的暧昧时光中，在美国丝袜、法国香水、英国学堂、俄国芭蕾舞交织的时尚生活的光影中，你同时也能看到壮怀激烈的革命青年的身影。在这个复杂、繁华的战乱时期，军阀、政要、革命者、艺术家、爱国人士在影像中交叠出现，揭示着当时社会的动荡和时局的紧张。但在历史的另一面，小人物的市井生活依然透着安详的生活气息：街边卖二胡的小贩，围观的行人；早餐店里的小职员，衣着整齐，穿戴讲究；茶馆和理发店里的人们，面对洋人的相机，现出淳朴的笑容。当日本侵占上海时，我们看到淞沪抗日军民众志成城的战斗场面；在抗战胜利后，一面是上海的金融和贸易的混乱，一面是百姓日常生活的趣味。

在《魅影海上》中，这些上海典型的场景与人物，叙述着与今天不同的城市气息，揭示着海派文化形成的轨迹，既有启蒙与传统，也有消费文化与娱乐，形成了精英的雅致与大众的世俗重叠又相通的海派文化，这种文化特质一直影响着上海人的性格，也使得今天的上海人在某种程度上与老照片中的上海有着一脉相承的神似。

"探索与幸福"

新中国成立后,上海恒久地保持着全国最大工商业城市的地位。上海生产的轻工业产品,受到全国人民的喜爱,照相机、缝纫机、钟表、服饰、皮鞋、暖水瓶、搪瓷脸盆等等,上海货成了高档商品的同义词。一般单位职工出差,最高兴的莫过于被派到上海办事,因为可以顺便逛逛繁华的市街,同时替自己和家人买一些上海生产的物品,增进家庭的幸福。另一方面,在新社会中,有关幸福的定义曾争论了30年,其中一种看法断定,只有扬弃个人物质的拥有,追求集体奋斗的生活,才算是获得了幸福。而上海,这座全中国最富裕且有个性的城市,自然成了关于多元幸福论的争论原点。

这些建国初期的照片均是当年的新闻照片,涵盖了上海市内和郊区的社会景观,记录了上海人民在各个时段中波澜壮阔的革命经历,也体现那时的道德观和人生观。诚然,关于幸福生活的探索历程,为日后改革开放的巨大进步作了必要的准备。对于上海人而言,这些影像生动地展现了其各自生活在上海这座城市中的往事与岁月。

这些影像涌动着当时人们对新生活的憧憬和高涨的劳动热情,有公私合营的故事,辛勤工作的工人、挥洒笔墨的年轻人、人民广场上的少先队员,里弄里浩大的革命歌曲合唱队伍……似乎隔着久远的照片还能感受到炽热的气息。人民的精神面貌和状态的变化也深刻地反映着社会、土地和岁月的变迁。

透过照片中情景变换的土地、不断更替的人民大众,人们解读出的是属于上海这块土地的"城市剧场"。从那个空旷的、充斥着外来统治者与殖民者的上海,到紧张的、经受战乱的上海,再到那个重新回到人民手中的百废待兴的上海,直至憧憬明天,抒发其海纳百川的气魄,乘着磁悬浮快车飞速发展的上海。心怀乡愁的异乡人和吴侬软语的本地人共同在这块土地上"设计"与"超设计"交叉地构建着今日上海"快城快客"的时代精神。作为影像媒介的照片,将时间和空间凝固,让人们在感受21世纪全球化新秩序的同时,能走到过去,感受这片土地上曾发生的一切,也许仔细留意,会发现有些细微之处竟和今天是如此相似,又截然不同。

《魅影海上》不仅仅梳理了上海重大历史事件的节点,而且更侧重于再现百年上海日常生活与生产的动人瞬间。许多的一瞬间不仅连缀成社会学中的叙事和上海学中的插图,更是连缀成城市与城市人集体记忆的涟漪,令观者如重临其境,或回溯往事,或笑谈市井,或默然沉思。所有这些褪了色的照片引发出的种种感受,正是影像给予上海人的心灵追忆与温情。

2000年我策划第三届上海双年展时，其主题为"海上·上海——一种特殊的现代性"，到2004年策划第五届上海双年展时，其主题为"影像生存"，直至2008年策划第七届上海双年展时，其主题为"快城快客"，而今推出"魅影海上"展览及摄影集，通过影像贯串了上海双年展的多个主题内涵，按历史顺序结篇，以晚清时期、民国风云、抗战烽火、内战转折、人民中国、探索幸福6个史诗般的篇章编织"海上"影像传奇。同时，这也是我在同济大学博士后研究期间关于上海城市研究的项目，此项研究形成了对上海城市史、上海社会史、上海人口史及上海影像史的跨界思考与探索，并借此形成上海城市社会影像史研究的方法与视角。因此，整个展览如同上海这座城市的社会思想与生活方式的多重变叠的影像暗房，观众在这个城市暗房——展厅中阅读上海的"影像生存"，从中可以清楚地洞见上海这座城市百年气势磅礴的"都市营造"，以此让一代又一代的移民共同展望上海的未来，共同远望这独特的海派腔调和神奇的海市蜃楼。

当人们从上海城市影像历史遗产中找到某种久违的感觉，某种纠缠，某种感动，也许也就真的进入了"魅影海上"的前世今生。

2010年11月29日写于上海万航渡

Phantom on the Sea | Preface

by Zhang Qing

Where was Shanghai in 1843?

It was nothing more than a small town of some 2 square kilometers with a population of mere two hundred thousand. For the 158 years that followed, the landscape beyond the walls of the then obscure patch of land, by the sandy waterfront and riverside, amongst the fertile fields and cottages and in the midst of reedy lakes and brooks, had undergone major changes in land morphology and ownership, ground being continuously leveled up, wilderness reclaimed and roads built, by different groups of people with varied purposes. In waves of the colonization fever that swept across the world, activists and merchants from the west came ashore, taking so much delight drawing up lines for settlements as if they had discovered a new continent, ravishing and seizing everything from this small yet picturesque fishing village, kindling desires for colonialist glory and power on this auspiciously located land at the estuary of the Yangtze River. Such desire represented the two-fold interests of globalized politics and economy, for which generations of gold seekers never ceased their exploratory efforts on this piece of land. The unquenchable flame of desire was gaining in intensity and through this blazing wall of fire we saw the same images that comprise *Phantom on the Sea*, a history told by way of images, an accurate account made of the land of desire known as Shanghai.

All the studies in our times on the phenomenon of Shanghai, whether a recap of Shanghai's cultural and historical evolution or a log of social and ideological changes, end up exploring fundamentally the changes of the land and its owners. *Phantom on the Sea* represents a panoramic portrayal of the changes of the land and its people, the sizzling desire, the physical expansion of the city, its road system and cosmopolitan architectural styles, telling stories of generations of immigrants, both from China and overseas, arriving in the height of their dreams of gold discovery on the sea or a tour of rehearsals of romantic dreams as the city itself went through ups and downs over an unfeeling period of hardship and ecstasy, revolution and conservatism, ideals and disillusions. Shanghai was and continues to be a colossal lab where various forms of modernity sampled from the world around are tried out. Here, different cultures, languages, religious beliefs, customs and bloodlines are quite successfully blended for hybridity and rivalry, giving birth to new life in the somehow enchanting and somehow wicked combination of history and reality. This constantly regenerative and renewed vitality helped found a land of tenacity, proud people and a glorious past. Land, people and the passing days are the nutrients on which the city thrives: a special form of social ideology and lifestyle. The one hundred plus photos that make up Phantom on the Sea , as heritages of the city in the form of images, illustrate the values of the land and its people. All these, from the advent of imaging technology and camera, have been contributing to an exhaustive history, and the record thereof, about the city and its people since Shanghai's opening up as a port city and its endeavors over the past century.

In literature, music, movies or paintings, Shanghai has been in various ways recorded and savored, once and again. Whether it was the look of Shanghai depicted by Zhang Ailing celebrating everyday mediocrity despite the bitterness of warfare, the rosy and ardent quality of Shanghai in Chen Gexin's work, or the indomitable spirit of Shanghai in face of dead-ends as seen in Steps by Chen Yifei, the expressions, places and dispositions of Shanghai have been represented on writing paper, music score, film or canvas.

Today, when people are surrounded by a system of objectivity in this era of consumerism, market economy and consumption of goods become the mainstay of everyday life as one's identity alternates between information recipient, consumer and communicator. In the course of this profound change, images, as an indispensable element, are making their ways into our ideological world and defining the quality of life. To quote the sociologist Daniel Bell It is almost inevitable in a public society that the sounds and images, the latter in particular, being covenants of aesthetics, will always dominate the public. Photography is a means of retaining the passing time and revealing the essence of objects and events by crossing over into other cultures. Expression by images is therefore more vivid and realistic, beyond questioning or challenge, than most of the literary, music approaches and brushwork. The visibility and synchronized display and delivery of message qualify images as the most appropriate symbols in exploring the truth of nature and society as well as the most effective visual system for straight-out expression of meanings. The contents of images dwell on the external world-the objects of expression and thinking-instead of on the language of expression itself. *Phantom on the Sea*, with its collection of old images, represents thousands of utterances by generations of immigrants to Shanghai. These images afford overwhelming exposure to not only the people and things in the past, but also the particular scenes of the city, the lingering sentiments and vicissitudes of life. The distance in time and space opens up a window abstracted from daily life, so that the scenarios are in a way reshaped and redefined as people revisit from a different angle. This is exactly the charm of images. Hence, to analyze Shanghai's urban development and social transformation by way of images is not only an approach to the study of Shanghai, but also a satiable moment of truth for those with a Shanghai complex.

It is all the more realistic to reintroduce Shanghai's land, people and the passing days through the images at this particular moment bearing multiple identities as the era of image, the era of Expo or the era of urbanization. *Phantom on the Sea* unfolds in front of us old photos depicting the one hundred years of Shanghai from the end of the feudal Qing Dynasty to shortly after the liberation from the perspectives of land, time and people. These photos by anonymous photographers had been handed down, collected and donated to form this priceless collection today, without which this part of history would have been just a vague impression, or a legend, as recounted by other forms of media, but the very power of photos lies in the liveliness and instantaneity of expression, which is beyond contention, vivid as if from yesterday, elegant and valuable. The camera lens placed the city under scrutiny at varied distances, along its historical path, capturing images of the city and its people in frozen frames. The viewers are absolutely separated from the objects, so that the processes centering on urban activities may take shape to land the objects on deeper levels of historical profundity. Questions about Shanghai's land, people and the passing days in different historical periods get answered in such a way that it engenders a form of personal attachment for each and every viewer.

Phantom on the Sea has three major focuses in its construction and studies: First, the transformation of urban land, which is without doubt the most convenient approach for any photographer trying to find a vantage point for an account of urban changes. The landscape at one particular site changes over time down the lines of Shanghai's urban planning and development; second, the people in the city. A focus on people's daily life or on the key figures and events in history offers a more detailed and enriched portrayal of the urban space, leaving clues to the formation of multiculturalism in the city; and finally, the multitude of looks and expressions of the city-fundamentally outlined by the first two focuses, land and people-along with the passing of time, which may easily impart a general impression of the city, building up a macroscopic and confident image of Shanghai.

It all begins with the land, rather than the architecture, nor or the city, since back in time, there was nothing but the land itself, which remained unchanged as the city and the architecture were built, renovated, demolished and then rebuilt; as man is born, grows, moves around and breathes his last, the only thing to witness and accommodate all is and had to the land. The way the images communicate changes the concepts of time and space, and forms a virtual reality built largely upon people's cognitive system. In these photographic works that link the past and the present, the meanings of Shanghai as a piece of land are enriched and highlighted, which again speaks of the charm of the images.

Phantom, by the name, is a ghost, an enticing fascination.

The word phantom may refer to the lingering images on our mind while *Phantom on the Sea* is indeed the light and shade down the heart of many sharing with the city a century of rains and storms, sweets and bitters. The phantoms may emerge at any time as the name "Phantom on the Sea" keeps reminding us of the visible images in Shanghai to rekindle the unbeatable pace and confidence of the city.

Shanghai and the World

Since the opening up of the five ports in the late Qing Dynasty, the merchant ships had foregathered at the ports along the Yangtze River as Shanghai rapidly became the largest port city of China. Foreign concessions sprang up alongside the Huangpu River and foreign firms opened business, inflicting disgrace and humiliation upon the Chinese nation nevertheless creating development opportunities in the meantime. Shanghai became China's gate to the outside world. In fact, the world was here in Shanghai. In the 1930s, the city's urban development was gaining momentum and soon became known as the Paris in the Orient for its distinct western architectural style. The people here were keeping pace with the international trends and fashions, whether in theatrical work, fine art, music, stage play or publishing, Shanghai was way ahead of the rest of the country, rising rapidly in dazzling glamour to record a period of indelible golden time. On the other hand, the imperialist forces hastened their invasion of China, pushing Shanghai to the frontier of the fight against the intruders. From the well-known 1.28 Shanghai Incident to the 8.13 Battle of Shanghai, Shanghai's anti-invasion stance became a symbol heralding China's victory. After the war, shedding off its old identity as colonized land, Shanghai was pepped up for new glory in the newly founded China.

The cosmopolitan city of Shanghai is continuously revolutionizing, emancipating and demonizing itself. A venue of enlightenment, a battle field, or a theatre in tribute to loving sentiments, Shanghai means differently to people from different times. *Phantom on the Sea* addresses the factuality of each historical period since Shanghai's opening up as a port city, making accounts of the rapid advance of modern history, the down-and-out late Qing Dynasty and the revolutionist thoughts and armed struggles before and after the Xinhai Revolution. The compelling representation of the transformation of Shanghai's landscape in these old photos may be best exemplified by the symbolic Bund. In 1880s, foreign firms in Shanghai had primarily formed the architectural landscape to the south of the Bund while some legacy buildings, yet to be refurbished, still maintained a large inner yard. The increasing number of floating docks added to the hustle and bustle in the area. The north of the Bund was yet a stretch of mudflat, revealing unblocked horizon in the background.

The Bund, by then, was up for the beginning of construction. Coming into the 1930s, the structures at the Bund became larger with growing magnificence. We could see what resembled the rudiment of the present-day Bund, literally a paradise for the colonists, capitalists, compradors, politicians, undercover revolutionists and patriotic intellects. Another urban space seen much different from today was the Fuzhou Road, which, according to the old photos, was once the center of elite culture and entertainment as well as home to modern media, brothels and new forms of theatres. Back then, Fuzhou Road hosted the most influential news agencies, Shen Bao, Xinwen Bao, Shang Bao, along with the big-time publishing houses like the Commercial Press, Zhonghua Book Company, Enlighten Enterprise, etc. The place was populated by sites of modern-day recreation-teahouses, theatres and brothels. A bustling street, Fuzhou Road was patronized by young literati who would spout ideals and ambitions at the press houses in the day, advocating social transformation, and visit theatres at night for an act of Shanghai-flavored Peking opera, or the brothels for a romantic drink, slaphappy down a devil-may-care life.

The modern Shanghai was caught in an enthralling dream of luxuriance and obliquity. But in a world of fashion flooded with American pantyhose, French perfume, British schools and Russian Ballet, you also saw the determined and vigorous figures of young revolutionists. In this complicated yet prosperous period of warfare and turmoil, warlords, politicians, revolutionists, artists, patriots frequently turned up in these images, revealing social instability and political tension. However, the other side of history relates otherwise to the life of the grass root, who yet managed to lead a peaceful life: a fiddle peddler by the street amidst a group of onlookers; a decently groomed-up petty functionary of a snack bar; patrons at the teahouse and the barber's smiling into the camera of a foreigner. During the Japanese occupation, we saw the militants and civilians acting as one in the combats against the intruders; when victory finally came, we witnessed on the one hand the chaotic postwar financial and trade situations, and on the other hand the fun of everyday life and Huang Jinrong's lavish Chinese courtyard where the cinnamon fragrance permeated the air.

These typical scenes and figures of Shanghai in *Phantom on the Sea* comprise a narrative of urban vistas much different from today, indicative of the line of development of the Shanghai Culture . These images speak of enlightenment and traditions, consumerism and entertainment, on which the Shanghai Culture featuring overlapping yet interconnected elitist elegance and secularism of the public, was conceived and took off. Such cultural propensity has always been an influence on the disposition of Shanghai's local residents to the extent that today's Shanghaiese still carry the impression of the past generations as depicted in these old photos.

Discovery and Happiness

After the new China was founded, Shanghai maintained for a long time its leading position as the largest city in terms of industrial and commercial capacity. Shanghai's light industry was able to offer much sought-after products to the people, cameras, sewing machines, clocks and watches, garments, leather shoes, water flasks, enamel washbasins and many more. Made in Shanghai became the synonym of top grade. Being sent on a business trip to Shanghai meant a blessed chance to pass by and shop around in Shanghai's business streets and bring home Made in Shanghai products to make the family happy. In the new society, debates on the definition of happiness are ongoing for three decades already. Some assert that happiness can be achieved only by abandoning personal material interests and going after collective success. Shanghai, the richest city in the country with a distinct personality, inevitably became the ground zero for the pluralistic happiness argument.

These photos taken shortly after the founding of the new China originally appeared in news reports. They depicted social landscapes in the center and on the outskirts of Shanghai, chronicled the experience of the residents of Shanghai in different stages of the billowy revolutionary cause, exhibiting the ethics and values upheld at particular points in history. Indeed, the efforts to explore a happy life prepped the city to embrace the great progress from what became known as the reform and opening up of China in the years to come. For the Shanghaiese, these images are vividly reminiscent of the past days and events as life went on in the city of Shanghai.

Exuberantly represented in these images were the prospects of new life and the height of enthusiasm for work and labor. These were stories about the campaign to increase state ownership in private business, about diligent workers, youngsters writing in ink, young pioneers on the People's Square, or a large chorus chanting revolutionary songs down the lane it seems as if we could actually feel the zeal flowing from these photos though so distant from our times. The spiritual outlook and mindset of the people are profound reflections of the transformation of the society and land as time goes by.

Through the alternating scenes of land and people from the images, the curtain of an urban theatre draws up in front us with episodes depicting uniquely what Shanghai was and is: from the much abandoned, invaded and colonized Shanghai, to the stressed and war-torn Shanghai, to the Shanghai which was returned to its people up for reconstruction and revival, to today's Shanghai, riding on its maglev train at soaring speed, so broad in its capacity and tolerance to encompass all cultures, towards a brilliant future. The nostalgic newcomers and old residents speaking the local dialect are sharing this piece of land in designing and hyper-designing the Trans Local Motion of Shanghai-the spirit of our times. Photo, as an image-carrying medium, freezes the time and space to offer a comprehensive view of both the new order in the globalized world in the 21st century and a retrospective view of what happened back in history on this piece of land. With attentive eyes, we may find both traces of astounding similarities and the dividing lines that set the past and present apart.

Phantom on the Sea is not merely intended as a detailed roadmap of Shanghai's past. A more important mission is to bring back the most touching moments in everyday life and production from the past century. Many a moment, when joined in a string, presents sociological narratives and illustrations for the study of Shanghai. More than that, the viewers may relive these moments-the ripples of collective memories of the city and its people-either in a return to the past course, or in a pleasant daytime conversation, or in solitary contemplation. These photos, the color of which has long since faded, generate image-specific sentiments so redolent of the warmth down the heart of the Shanghaiese.

Back in 2000 when I curated the 3rd Shanghai Biennale, the theme was Shanghai Spirit, A Special Modernity . The 5th Shanghai Biennale in 2004 featured the theme of Techniques of the Visible and the 7th took the theme of Trans Local Motion . These images enable the themes of past events of Shanghai Biennale to be carried on through the *Phantom on the Sea* exhibition, which, together with its photo album, composes a legend of "On the Sea" imagery in six epic chapters including Late Qing Dynasty, Former KMT Reign, Anti-Japanese War, Turn of Civil War, People's China, Discovery and Happiness. This was also a research field which I worked on during my postdoctoral studies at Tongji University, which examined Shanghai's urban development history, social development history, demographic history and photographic history in a cross-disciplinary mix, and further led to new methodology and perspectives for the study of the history of Shanghai's urban and social images. Therefore, the exhibition in its entirety resembles a darkroom where the snapshots of the multifaceted and changing social ideologies and lifestyles are developed and where the viewers can read and try to interpret the techniques of the visible and to discern the processes of the imposing urban creation for over a century, so as to enable generations of immigrants to share the new prospect of Shanghai and listen from a distance to the unique tunes flowing from the mirage known as Shanghai.

You are in for the past and present of *Phantom on the Sea* for real if you are able to find, amidst the heritage of Shanghai's urban images, a long-parted attachment, a fit of entanglement, or a touching moment.

November 29, 2010, at Wanhangdu, Shanghai

目 录 | Contents

魅影海上 / 序言　　　　　　Preface / Phantom on the Sea

第一部分　晚清时期　　　　PART I　LATE QING DYNASTY

新军训练	2	Training of Recruits
旧城墙	4	Old City Wall
上海的独轮车	5	A Wheelbarrow
上海的纺纱机	6	A Spinning Wheel
外　滩	7	The Bund
南望外滩	8	View of The Bund from the North
外滩公园和周边建筑	9	Bund Park and Buildings
外滩气象台	10	Gutzlaff Signal Tower
租界内的水塔	11	A Water Tower in the International Settlement
租界的纪念仪式	12	A Memorial Ceremony in the International Settlement
湖心亭	13	Mid-Lake Pavilion by the Yuyuan Garden
豫　园	14	Yuyuan Garden
龙华塔	15	Longhua Pagoda
龙华寺	16	Longhua Temple
江海北关	17	Maritime Customs
外滩建筑	18	Buildings on the Bund
英国总会	19	Shanghai Club
外滩公园音乐亭	20	Music Pavilion in Bund Park
马加礼纪念碑	21	The Memorial Monument to Margary

常胜军纪念碑	22	The Monument of the Ever Victorious Army
洋泾浜	23	Yangkingpang
六马路	24	Pakhoi Road
福州路	25	Foochow Road
圣三一堂	26	Holy Trinity Cathedral
福州路上的茶馆	27	A Teahouse on Foochow Road
公泰照相馆的外滩全景	28	Panoramic View of The Bund by the Kung Tai Photo Studio

第二部分 民国风云 / PART II FORMER KMT REIGN

沪军高级军官群像	32	Group Photo of Senior Military Officers
蒋介石拜把兄弟张群	34	Zhang Qun, Chiang Kai-shek's Sworn Brother
投身革命的蒋介石	35	Chiang Kai-shek, a Devoted Revolutionary
孙中山寓所集会	36	Rally at Sun Yat-sen's Former Residence
鲁迅与杨杏佛	37	Lun Xun and Yang Xinfo
鲁迅的遗容	38	Lu Xun Lying in State
蔡元培寓居沪、宁两地	40	Cai Yuanpei's Residences in Shanghai and Nanking
胡适笑谈上海往事	41	Hu Shi Making Casual Comments on Shanghai's Past
上海滩的显赫人物	42	Dignitaries of Shanghai
上海影业与美国好莱坞同步	43	Shanghai's Movie Industry Keeping Pace with Holywood
京剧大师梅兰芳	44	Mei Lanfang, the Master Peking Opera Singer
影星胡蝶	45	Hu Die, the Movie Queen
熊式一由英返沪	46	Xiong Shiyi Back from UK
蓬勃的上海造船业	48	Burgeoning Shipbuilding Industry in Shanghai
外滩的传奇	49	Legends of the Bund
外白渡桥鸟瞰	50	An Aerial View of the Garden Bridge
黄浦江上的中国海军军舰	52	Chinese Navy Warship on HuangPu River
四川路桥与上海邮政总局	53	Szechuen Road Bridge and the General Post Office
南京路上的双层巴士和电车轨道	54	Double-Decker Bus and Tramway on Nanking Road
"国际饭店"及"大光明电影院"	55	The Park Hotel and the Grand Theatre

20世纪30年代的南京路	56	Nanking Road in the 1930s	
南京路夜景	57	Nanking Road by Night	
外滩附近的露天市场	58	Open-Air Market near The Bund	
虹口的日本侨民居住区	59	Japanese Settlement in the Hongkew District	
百老汇大厦	60	Broadway Mansions	

第三部分 抗战烽火

PART III THE ANTI-JAPANESE WAR

"一·二八事变"·阵亡将士悼念大会	64	"January 28 Incident"·Memorial Gathering for Martyrs
"一·二八事变"·阵亡将士挽联	66	"January 28 Incident"·Couplet in Memory of Martyrs
"一·二八事变"·广东妇女的救援工作	67	"January 28 Incident"·Women from Kwangtung in Rescue Work
法租界的阅兵典礼	68	Military Parade in French Concession
淞沪会战·全副新式设备的中央教导师投入战场	69	The Battle Of Shanghai·Deployment of Best Equiped and Trained Military Division
淞沪会战·中国军队驰援前线	70	The Battle Of Shanghai·Chinese Troops Heading for the Front Line
淞沪会战·黄浦江上的英美军舰	71	The Battle Of Shanghai·British and American Warships on the Whampoo River
淞沪会战·炮火中的北火车站	72	The Battle Of Shanghai·North Railway Station amidst Flames of War
淞沪会战·商务印书馆废墟	74	The Battle Of Shanghai·Ruins of The Commerical Press
淞沪会战·日军攻击招商局码头	75	The Battle Of Shanghai·Japanese Attack on a Dock of the China Merchants' Navigation Company
淞沪会战·日军攻占上海市政府	76	The Battle Of Shanghai·Japanese Occupation of the City Hall of Greater Shanghai
淞沪会战·日机轰炸北火车站	77	The Battle Of Shanghai·Japanese Air Raid on North Railway Station
淞沪会战·日军对上海闸北地区的轰炸	78	The Battle Of Shanghai·Japanese Air Raid on the Chapei District of Shanghai
淞沪会战·日军战车穿越市区	80	The Battle Of Shanghai·Japanese Military Vehicles in Downtown Shanghai
日军规划"上海神社"	81	Japanese Military's Plan for the "Shanghai Shrine"

第四部分　内战转折　　PART IV　TURN OF CIVIL WAR

美军在上海街头猎影	84	US Troops in the Streets of Shanghai
街头的乞妇	86	Female Beggars in the Street
早餐店里的上海人	87	Having Breakfast in a Restaurant
二胡小贩	88	A Fiddle Peddler
三轮车夫	89	A Tricycle Peddler
茶　馆	90	A Teahouse
理发店	91	A Barber's Shop
肖像画师	92	A Portraitist
童　颜	93	Children
市　场	94	A Marketplace
拥挤的苏州河	96	Heavy Traffic on the Soochow Creek
苏州河畔	97	By the Soochow Creek
沪宁线列车·豪华外观	98	Shanghai-Nanking Train·Luxurious Exterior
沪宁线列车·宽敞的内饰	99	Shanghai-Nanking Train·Spacious Interior
一个普通家庭的卧房	100	Bedroom of an Ordinary Family
葬　礼	101	A Funeral
李承晚致谢吴铁城	102	Syngman Rhee Extending Gratitudes to Wu Tiecheng
吴国桢欢迎韩国特使团	103	Wu Guozhen Welcoming Special Envoy from Korea
联合国救援物资抵华	104	Arrival of UN Aid in China
宋庆龄的贡献	105	Song Qingling's Contribution
吴国桢训话	106	Wu Guozhen Giving a Motivational Speech
第七届全国运动会·上海代表队	107	The 7th National Games·Shanghai Delegation
第七届全国运动会·上海男篮队	108	The 7th National Games·Shanghai Men's Basketball Team
第七届全国运动会·台湾省代表队	109	The 7th National Games·Taiwan Province Delegation
黄金交易所	110	Shanghai Gold Exchange
打击商人非法屯积活动	111	Crackdown on Speculative Regrating
上海经济警察到商家检查	112	Financial Investigator in a Shop

第五部分 人民中国   PART V   PEOPLE'S CHINA

庆祝上海解放	114	Celebrating the Liberation of Shanghai
街头的骑马战士	116	Cavalry in the Street
进城的妇女	117	Women Coming in to Shanghai
大世界门口的黄金荣	118	Pockmarked Huang at the Entrance to the Great World
"五反"运动期间宣传队员在里弄教唱革命歌曲	119	Propagandists Teaching Revolutionary Songs during the "Five-Anti" Campaign
"五反"运动	120	The "Five-Anti" Campaign
庆祝公私合营集会上的工商业者家属	121	Businessmen's Family at an Assembly Celebrating Joint Ownership Installed in a Private Company
人民公园	122	People's Park
人民广场一角	124	A Corner of People's Square
人民广场上的少先队员	125	Young Pioneers on People's Square
里弄里的小区卫生	126	Doing Cleaning in a Lane Neighborhood
参加劳动的少先队员们	127	Young Pioneers Doing Cleaning
上海制皂厂出品的香皂成箱运往全国各地	128	Shipments of "Made in Shanghai" Soaps
"蝴蝶牌"缝纫机	129	"Butterfly" Sewing Machines
"海鸥牌"照相机	130	"Seagull" Cameras
上海套鞋	131	Rainboots Made in Shanghai
钟表店	132	A Clock and Watch Dealer
试戴手表的男顾客	133	A Man Trying on A Watch
"鹤鸣"牌最新款式的女鞋	134	New Models of "Hemin" Women's Shoes
试戴丝巾的女顾客	135	A Lady Trying on a Silk Scarf
百货公司童装部	136	Children's Clothes Section in a Department Store
其乐融融	137	Happiness
工　暇	138	Taking a Break from Work

第六部分 探索幸福 — PART VI DISCOVERY AND HAPPINESS

万吨轮"朝阳号"下水典礼	140	Launching Ceremony of the 10,000 Tonner "Chao Yang"
上海近郊的生产大队	141	Production Brigade in the Suburbs of Shanghai
午后的阳光	142	Afternoon Sunshine
解放军驻沪部队	144	PLA Troops in Shanghai
笑逐颜开	145	Happy Faces
毛泽东思想宣传队	146	Promotion Team of Mao Zedong Thoughts
毛笔字写得好	147	Fine Calligraphy
上海美院师生绘制革命宣传画	148	Production of Revolutionary Posters by Fine Arts Academy Teachers and Students
青年学生的赤忱	149	Young Students' Devotion
"一大"会址	150	Site of CPC's First National Congress
上海火车站	151	Shanghai Railway Station
"铁姑娘"	152	"Iron Maiden"
农田里的劳动妇女	154	Women Working in the Fields
生产队分配大会	155	An Assembly of the Production Brigade
青年男女跳舞联欢	156	Dancing Mixer
里根访华	158	Reagan's Visit to China
新的大世界	159	A New Look of the Great World

秦风、陈丹青、冯克力三人谈
影像中的上海城市变迁   161   An Image-based Conversazione on Urban Transformation in Shanghai

幽扬的生命之歌 / 后记   189   Postscript / Unfading Lyrics in Tribute to Life

图片索引   193   Index

第一部分 晚清时期
PART I　LATE QING DYNASTY

　　晚清五口通商以来，国内外商船群集长江口岸，上海迅速成为中国第一大商埠。黄浦江边租界林立，洋行开市，既带来半殖民地半封建社会的混杂的现象，也造就特殊的社会发展机遇。上海成了中国人通往世界的窗口，而世界也从此联接了上海，甚至中国。

土地·人民·岁月

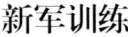

新军训练
Training of Recruits

19世纪60年代,松江设立了由欧美人任军官、中国人当兵的"洋枪队",后更名为"常胜军",主要负责镇压太平天国运动。美国人华尔和英国人戈登先后担任指挥官。1864年5月31日,这支仿照英军建制的部队在昆山解散。这幅作品中的情景描述了中国正掀起一场改革,而这个现代性的引入正是中国政治与社会内部的需求,因此,影像生动地记录了晚清社会思想与具体实践的大转折。

旧城墙
Old City Wall

　　16世纪末期,为抵抗倭寇侵扰,上海建立城墙以保护百姓日常生活的安全。初建时,城墙上开设六座城门、四座水门,环城开掘城壕。外部与黄浦江相连,内部大小河浜全线贯通,以接湖汐。为商业发展等因素考虑,民国初年,城墙正式拆除,并在原址上分别建立了今人民路与中华路。作品记录了19世纪70年代的上海旧城景观。

上海的独轮车
A Wheelbarrow

当独轮车与租界里的汽车相遇之时,就揭开了海上魅影的真相。独轮车作为上海本地交通工具之一,与人物的华服穿戴构成了沪上当年的交通留影及记忆。当我们进入了新一个高铁时代,回首上海的独轮车,似乎更具清逸雅趣的生活本色,更具低碳的生活方式。

上海的纺纱机
A Spinning Wheel

  人们在研究上海城市史时一般会把目光投到租界建筑与西式生活中去,却很少人去挖掘与关怀本地人朴素的生活。久而久之,当出现类似《上海的纺纱机》这样的图片时反而有突兀感。事实上,当照相机与上海相遇时,镜头与胶卷很少为本地人生活而准备。因此这幅作品生动地记录了上海纺纱的木制机器及操作方式,更为重要的是,记录了上海农家妇女边工作边带孩子的真实画卷,为上海的社会学研究提供了珍贵的史料。

外 滩
The Bund

19世纪80年代的外滩，部分尚待翻新的洋行仍然保留着宽敞的庭院，日益增多的浮动码头加重了嘈杂的气氛。马路上人力车、马车、以及其他交通工具轧过马路留下的痕迹交叉往复，重复记录着外滩的繁华。

"Public Garden," "Bund," & "House Boats" in Eng. Con. Shanghai.

南望外滩
View of The Bund from the North

  由于外滩建筑群的形成为上海这座城市的开发提供了信心与梦想。一方面外国人在这片滩土上建造了一个扎根于东方的西方文明,带来了西方的价值观及其视觉审美感;同时这些西式的建筑让上海市民如同面对海市蜃楼,让本地人也看到了一个微缩的西方景观,这就形成了"海上—上海:一种特殊的现代性"的根源。

外滩公园和周边建筑
Bund Park and Buildings

这件作品是在外滩公园内拍摄的,远处可见高大的丽如银行大楼,邻近的中央饭店还未扩建,仍是一座两层的建筑。宽敞的道路两旁安置着供游人休憩的木椅,展现了19世纪70年代上海现代文明发展的历史片断。

外滩气象台
Gutzlaff Signal Tower

气象信号台是外滩的标志性建筑之一。1884年,法国天主教会创建的徐家汇天文台,在外滩入黄浦江的江口设立气象信号台,为往来船只悬挂气象信号。当时的信号台仅是竖立于地上的一根长木杆。

租界内的水塔

A Water Tower in the International Settlement

1883年,英商在杨树浦开办了上海第一家自来水厂,排水管经江西路桥过河,将自来水送往苏州河南岸的租界地区。为保证日夜都能供水,江西路桥南端建起了一座水塔,这竟成为当时的一道奇景。

租界的纪念仪式

A Memorial Ceremony in the International Settlement

1896年夏，德国炮舰伊尔底斯号遇暴风雨沉没于中国黄海。1898年，由德国侨民及德商怡和洋行等集资建立伊尔底斯纪念碑。此碑主体是从沉船上取来的一根长6米断桅，背面是纪念遇难船员的碑文和殉难官兵的名字。

湖心亭

Mid-Lake Pavilion by the Yuyuan Garden

豫园始建于明嘉靖年间,原系潘氏私家园林,后几经毁损重建,逐渐成为沪上士人乡绅们集会雅玩的游赏之地。位于豫园荷花池中央的湖心亭,由九曲桥相接,是上海开埠时的标志性建筑之一。1855年以后,湖心亭改为茶楼,曾名"也是轩"、"宛在轩",今名"湖心亭茶楼",是沪上留存至今最早的茶室。

豫 园

Yuyuan Garden

作品记录了19世纪70年代的豫园部分景观。当时园内茶楼、酒馆相继兴起，商贩丛集，成为上海地标性公共游览场所。

Tour de Nankin

龙华塔
Longhua Pagoda

龙华塔又名镇寺塔,位于上海市徐汇区龙华镇。据传建于三国时期,后重建于北宋。该塔原为七层砖木结构,塔身呈八角形,牙檐下垂56个铜铃,塔内为方室楼阁式建筑,号称上海的"宝塔之冠",是保存至今沪上最完整的古塔之一。作品记录了19世纪80年代的龙华塔全貌。

龙华寺

Longhua Temple

　　龙华寺是中国著名的佛教古刹之一。据传始建于三国时期，后经清朝光绪年间重建。寺内主要建筑有钟楼、鼓楼、弥勒殿、天王殿、大雄宝殿、三圣殿等。作品记录了19世纪80年代的弥勒殿，大殿正中供奉着弥勒菩萨，殿后依稀可见钟鼓楼。

江海北关

Maritime Customs

1843年，上海开埠后修建了具有海关功能的盘验所。1845年，外滩边建造了中国衙署式的海关建筑，命名为"江海北关"，是上海海关的第一代建筑。作品摄于19世纪70年代。

外滩建筑

Buildings on the Bund

开埠以来,外滩新开张的洋行、饭店层出不穷,不仅建筑各有特色,更承载了上海早期的对外经贸活动。作品由外滩北端自东南向西北方向拍摄,记录了19世纪90年代利生洋行、规矩会堂和鲁麟洋行在阳光下的瞬间身姿。

English Club House, Shanghai

英国总会

Shanghai Club

19世纪60年代,在沪英侨发起创设英国总会,原址位于今外滩中山东一路的2号大楼,又称上海总会,是在沪英侨聚会和娱乐的重要场所。作品反映的正是其19世纪70年代的三层砖木结构建筑模样。

外滩公园音乐亭
Music Pavilion in Bund Park

  1866年,上海英租界工部局将英国领事馆南侧,即苏州河与黄浦江交汇处的一片滩地,改建为公共花园。初建时,园中设有一座西式音乐亭,每至夏夜便有乐队演奏。作品记录了19世纪70年代的音乐亭外观,四周是宽阔的草坪、三人椅围绕其间,这里成了在沪侨民的户外休闲佳所。

马加礼纪念碑
The Memorial Monument to Margary

1875年，英国人马加礼被该国政府派往中国西南地区开辟商路，途中遇难身亡。上海英侨集资为其建立纪念碑。1892年建成初期，纪念碑即位于外滩和苏州路的转角处，后因扩建道路曾迁至外滩公园。抗战时期，该碑被日本当局于占领期拆除。作品见证了19世纪90年代的纪念碑外观。

常胜军纪念碑

The Monument of the Ever Victorious Army

为纪念1862年至1864年间,在江苏攻打太平军的常胜军阵亡官兵,由李鸿章出资在外滩公园南端围墙外建设了这座纪念碑,后被移入公园内东北角。1941年纪念碑被日本当局占领时拆除。作品记录了19世纪70年代的纪念碑外观。

洋泾浜

Yangkingpang

1845年,英租界在上海建立后,洋泾浜成为租界和华界的分界线,沿岸也成了上海最繁华的地段。作品记录了20世纪初期在法租界一侧隔洋泾浜远望英租界的景致。河对岸的万安楼,是上海轮船招商局开设的揽载生意的代理机构之一。

六马路

Pakhoi Road

  英租界工部局为了管理方便,为租界内几条主要马路重新命名。作品摄于19世纪80年代,悬于街头的"六马路"字样依稀可见。六马路,即北海路。马路虽小,却是茶馆遍布。据说,这里曾是上海地痞流氓集团发生纠纷后的谈判地盘,经常乌烟瘴气、混乱不堪,是上海普通市民避之不及的场所。

福州路

Foochow Road

上海开埠后,虽然外国人可以划地而居,但他们主要集中在黄浦江附近生活。作品记录了20世纪初期的福州路。马路两旁"英商更上一层楼"、"五层茶楼"、"老德记药房分铺"等等商号鳞次栉比,热闹非凡。

圣三一堂
Holy Trinity Cathedral

圣三一堂是上海现存最早的基督教堂，位于市中心的江西路，俗称"红礼拜堂"，是英国圣公会设立的侨民教堂。这里曾是中华圣公会的总座堂，现又成为中国基督教两会的所在地。作品摄于20世纪初期

福州路上的茶馆
A Teahouse on Foochow Road

画面左侧木栅栏上挂满了"本楼特请"的招牌，这里是以表演苏州评弹闻名的桃花源趣书馆；书馆楼下的商铺经营西烟、锡箔、纸张等货物；旁边的三层建筑是名盛一时的青莲阁茶楼，这些都曾是四马路（今福州路）再寻常不过的景观。作品摄于20世纪初期。

公泰照相馆的外滩全景
Panoramic View of The Bund by the Kung Tai Photo Studio

作品由八张蛋白照片拼接而成,每张照片的尺寸是19.2×27.5cm。显示了从最南边的法国租界始、至苏州河北岸往东为止的浦西远景。作品由上海最早的照相馆之一——公泰照相馆拍摄,这可能是目前可见最早的外滩全景图。摄于19世纪70年代。

第二部分 民国风云
PART II FORMER KMT REIGN

20世纪初的上海,进入了一个全面发展的活跃时期。整个社会与市民阶层紧追国际流行文化与思潮的步伐,无论在城市规划、建筑、文学、电影、美术、音乐、话剧、出版、教育等文化发展方面,还是在工商、贸易、金融、航运等经济发展方面,上海均独步全国,光芒四射,魅力独特,被世界瞩目,成为不夜的"东方巴黎"。

沪军高级军官群像

Group Photo of Senior Military Officers

1912年，沪军第23师高级军官留影。因其中大多毕业于日本军校，其制服和军事风格皆近似日本军队。武昌起义爆发后，同盟会会员陈其美、宋教仁等人联络商团和各路敢死队，发起光复上海的起义。11月3日上海光复后，陈其美被推为沪军都督。

蒋介石拜把兄弟张群

Zhang Qun, Chiang Kai-shek's Sworn Brother

1911年，蒋介石的密友张群（前排左一）担任沪军都督府军务随军械科长时与同仁合影。张群，1889年生于四川华阳县，曾与蒋介石同赴日本入振武学校，并同在新潟第一师团第19连队服役。辛亥革命爆发后，张群和蒋介石一起偷渡回国，参加了光复上海之役。

投身革命的蒋介石
Chiang Kai-shek, a Devoted Revolutionary

蒋介石，浙江奉化人。1905年就读宁波箭金学堂，后入保定军官学校，被选送日本，入东京振武学校炮兵科，加入中国同盟会。1911年武昌起义时赶回中国，协助沪军都督陈其美，任沪军第五团团长，对光复上海做出贡献。

孙中山寓所集会

Rally at Sun Yat-sen's Former Residence

1924年5月，国共两党人士在上海孙中山香山寓所集会，共同纪念孙中山就任广州政府非常大总统三周年。照片中当时的知名人士有：邓中夏（前排左一）、张继（前排左五）、胡汉民（前排左六）、汪精卫（前排左七）、叶斐伧（中排左四）。

鲁迅与杨杏佛
Lu Xun and Yang Xinfo

　　1933年1月,著名作家鲁迅(右)加入"中国民权保障同盟"。作品记录了20世纪30年代鲁迅与民权保障同盟会员杨杏佛(中)在上海的合影。鲁迅,浙江绍兴人,原名周树人。1902年留学日本,先后入东京弘文学院普科、仙台医学专科学校,后弃医从文,希望以文化改变国民精神,开始撰文和翻译,介绍西方进步学说。其文字犀利,自成一体,为一代大师。

土地·人民·岁月

鲁迅的遗容

Lu Xun Lying in State

1936年10月19日，文坛巨子鲁迅逝世。他在临终前一个多月发表于《中流》杂志上的短文《死》中，有拟为遗嘱的部分，原本仅为戏言，竟一语成谶。在其后举办的葬礼上，社会各界送来大批挽联和花篮。

蔡元培寓居沪、宁两地

Cai Yuanpei's Residences in Shanghai and Nanking

　　蔡元培，浙江山阴人，光绪年间进士，甲午战争后习新学，深感教育乃救国之本。1924年4月南京国民政府成立后，蔡元培先后出任大学院院长、国府常任委员、监察院长。作品摄于1934年3月，蔡元培携家眷于南京国民政府主席林森的寓所前留影。右为其秘书许寿堂。

胡适笑谈上海往事
Hu Shi Making Casual Comments on Shanghai's Past

  20世纪30年代，温文儒雅的胡适博士，穿着条纹白衬衫、休闲西服，配上花色领结，一副现代文人雅士的打扮。1910年，胡适赴美后，师从实证主义大师杜威，倡导实证哲学。1917年回国后任北大教授，鼓吹文学革命，提倡白话文，成为"五四"运动的重要旗手。

上海滩的显赫人物

Dignitaries of Shanghai

20世纪30年代是上海城市发展的繁荣岁月,这几位在座的就是大上海的显赫人物,其中最具传奇性的无疑就是左边那位身穿马褂的黑道大亨杜月笙。除此以外,从左至右分别为苏联驻华大使鲍氏、外交家蒋廷黻、上海市长吴铁城、上海市保安处长杨虎。

上海影业与美国好莱坞同步

Shanghai's Movie Industry Keeping Pace with Holywood

1932年，联华影业公司正式成立。这张照片是联华谐星"大胖子"章志直（左二）和"瘦皮猴"韩兰根（右二）。他们穿着打扮深受同时代好莱坞喜剧风格的影响，以中分头和背带裤为时尚。为上海影坛的喜剧银屏留下了恒久的笑容。

京剧大师梅兰芳

Mei Lanfang, the Master Peking Opera Singer

1935年,梅兰芳应苏联对外文化协会邀请,率团赴苏联演出。同年,中国当红影星胡蝶女士受苏联邀请,参加在莫斯科举行的国际电影展览会。2月21日,梅兰芳所率领的剧团和胡蝶在上海同时登上苏联专门派来的大轮"北方号"赴欧访问。

影星胡蝶

Hu Die, the Movie Queen

1935年，胡蝶女士受苏联邀请参加在莫斯科举行的国际电影展览会，2月21日，胡蝶登上了苏联派来的"北方号"轮船赴欧访问。作品记录了胡蝶女士在轮船上接受欢送的情景。

熊式一由英返沪

Xiong Shiyi Back from UK

1936年12月，熊式一（右二）返抵上海时，京剧大师梅兰芳（左）前往迎接。熊式一，国际著名戏剧家，曾留学英国，以英文改编舞台剧《王宝钏》，在伦敦公演，轰动一时，并成为在美国百老汇演出的第一部中国戏。

蓬勃的上海造船业
Burgeoning Shipbuilding Industry in Shanghai

　　1930年世界经济大衰退,造船业跌到谷底,但上海的造船厂凭借优惠的价格,趁机大量承造外籍船只,并且大肆扩张厂房、配置新机器、增添码头,使上海成为中国最大的造船基地。

外滩的传奇
Legends of The Bund

　　由浦东远眺江上的万商轮船和外滩雄伟的西式大厦，这里见证了上海开埠以来复杂与多难的历史，也孕育了各色的传奇人物，殖民者、资本家、买办、政客、地下革命团体等共同编织了上海滩20世纪30年代的沧桑巨变。

土地・人民・岁月

外白渡桥鸟瞰

An Aerial View of the Garden Bridge

20世纪30年代的外白渡桥早已改建为钢质桥，它是连接上海市区与沪东地区的主要通道之一，几经修缮一直沿用至今。它位于苏州河下游与黄浦江的交接处，至今依旧是上海的标志性建筑物之一。

黄浦江上的中国海军军舰
Chinese Navy Warship on HuangPu River

20世纪30年代,上海的繁荣达到了鼎盛时期,但战火却随着日本对华侵略的步伐而日益逼近。中国海军军舰停泊在黄浦江边的码头,日夜护卫着这座城市与人民的安全。

四川路桥与上海邮政总局
Szechuen Road Bridge and the General Post Office

1922年，原二坝郎渡口建造的木桥被改建为钢筋混凝土桥梁，并于次年完工建成。桥北侧的上海邮政总局大楼也建于同一时期，因此该桥又俗称"邮政局桥"。作品反映了20世纪30年代大桥附近的繁荣市景。1943年，该桥更名为四川路桥。

南京路上的双层巴士和电车轨道

Double-Decker Bus and Tramway on Nanking Road

　　1908年3月，南京路通行有轨电车。随着各大外资、侨资公司和一些专业特色店铺的开办，南京路成为上海最繁华的马路之一。作品记录了20世纪30年代南京东路山西路口的场景，右边的百年老店"邵万生"的糟货食品享誉至今。

"国际饭店"及"大光明电影院"

The Park Hotel and the Grand Theatre

"国际饭店"建于1934年,是当时全国也是亚洲最高的建筑物,并在上海一直保持最高记录达半个世纪之久。"大光明电影院"始建于1928年,曾享有"远东第一影院"的盛名。1933年,由著名的匈牙利建筑师邬达克设计重建,是中国第一家宽银幕电影院和第一家立体声电影院。

20世纪30年代的南京路
Nanking Road in the 1930s

旧称的南京路,即东起外滩,西至西藏中路的一段繁华商业街,号称"中华商业第一街"。作品中间的大楼即大新公司(今第一百货),其远方依稀可见新新百货等三幢尖顶的商业大楼。第二次世界大战结束后,原静安寺路更名为南京西路,原南京路改称为南京东路。

南京路夜景

Nanking Road by Night

　　1917年至1936年间,先施公司、永安公司、新新公司、大新公司先后在南京路上成立。它们以"人生日用所需,无不搜罗完备"为宗旨,除百货外还附设影院、酒楼等,开创了商业娱乐合为一体的新经营模式,生意兴隆,日入万金,因而得名"四大百货公司"。

外滩附近的露天市场
Open-Air Market near The Bund

有轨电车上的"十六铺"字样代表了它的行进方向,车身张贴的"红锡包"、"古琴"香烟广告投射出了20世纪30年代上海的生活情调。这里是外滩的露天市场,一边是繁忙的码头,一边是几十座风格迥异的建筑大楼,被誉为"外国建筑博览馆"。

虹口的日本侨民居住区
Japanese Settlement in the Hongkew District

　　虹口大戏院由西班牙商人安·雷玛斯创建于1908年。1913年，该戏园由日本人接管，并更名为东京活动影戏院。1919年，更名为虹口大戏院。作品摄于20世纪30年代。图中包头巾的印度巡警成了那个时代特有的街头景观。

百老汇大厦

Broadway Mansions

百老汇大厦（今上海大厦），位于上海北苏州路20号，东临百老汇路（今大名路），南临外白渡桥，是上海外滩建筑群中三座早期高层建筑之一。这是20世纪30年代上海的街头场景，作品中的女性比例相对较高，且身着短袖裤装，似乎是一起到工厂做工的工友。

第三部分 抗战烽火

PART III THE ANTI-JAPANESE WAR

1931年的"九·一八事变"爆发后,日本侵略军不断在上海寻衅挑起事端。从"一·二八事变"到"淞沪会战",上海被推向了抗日救亡运动的前沿。上海守军与市民共同坚守城市的决心,全国各地空前高涨的抗日热情,这一切均预示着侵略者必将灭亡的结局。

土地·人民·岁月

"一·二八事变"·阵亡将士悼念大会
"January 28 Incident" · Memorial Gathering for Martyrs

　　1932年1月28日，日本侵略军突然向驻沪闸北的国民党第十九路军发起攻击，随后又进攻江湾和吴淞。十九路军在军长蔡廷锴、总指挥蒋光鼐的率领下，奋起抵抗，中国军队抗击外敌的士气空前高涨。

"一·二八事变"·阵亡将士挽联

"January 28 Incident" · Couplet in Memory of Martyrs

"一·二八"事变爆发后,全国人民群情激奋,社会各界人士,纷纷投入反日救国运动。在"一·二八"阵亡将士的悼念会上,各地送来了振奋人心的挽联,如"为中华、求独立、为民族、争生存、血溅申江、气吞强房"……

"一·二八事变"·广东妇女的救援工作
"January 28 Incident" · Women from Kwangtung in Rescue Work

  1932年5月,在"淞沪抗日阵亡将士追悼大会"举行期间,从广东赶来的"广东妇孺医校护士队"积极投入救治十九路军伤兵的工作,并出席了追悼大会,纪念为国捐躯的民族英雄。

法租界的阅兵典礼
Military Parade in French Concession

1936年7月14日，为庆祝法国147周年国庆，在法租界顾家宅公园举行了法军阅兵典礼，以示军威。法国军队及华籍佣兵在上海大步前进，吹军号，唱军歌，来去无阻，提醒着每一个中国人，繁华的背后是列强割据的耻辱。

淞沪会战·全副新式设备的中央教导师投入战场

The Battle Of Shanghai · Deployment of Best EQuiped and Trained Military Division

　　淞沪会战，又称"八·一三"战役，爆发于1937年8月13日。战争在上海的市区和郊区进行。苏州河以北的公共租界及其越界筑路地区属于日军防区，是日军在上海的作战基地。激战数月后，上海沦陷。

淞沪会战·中国军队驰援前线

The Battle Of Shanghai · Chinese Troops Heading for the Front Line

　　淞沪会战，中国驻军第九集团军在总司令张治中的指挥下，奋勇抗击日本侵略军，保卫上海。作品记录了赶赴前线的国民党军队将士们，他们中的每一个人都肩负着保家卫国的使命，坚决打击来犯的入侵者。

淞沪会战·黄浦江的英美军舰
The Battle Of Shanghai · British and American Warships on the Whampoo River

1937年11月，上海黄浦江上停泊着英美两国的军舰，他们静观中日两军的交战，并宣布维持中立，以保护自身的利益。尽管日军尽量避免与西方列强冲突，但其强占中国土地之举而引发的利益之争，已不可避免。

土地·人民·岁月

淞沪会战·炮火中的北火车站

The Battle Of Shanghai · North Railway Station amidst Flames of War

　　淞沪战争引发的战火烧进了上海的大街小巷。这是中日在正面战场上的第一场大决战。中国军队投入大量兵力抵抗，拖延日军三个月，严重打击了日本侵略者企图三个月占领中国的野心。

淞沪会战·商务印书馆废墟
The Battle Of Shanghai · Ruins of The Commericial Press

商务印书馆在淞沪战役中被炸毁，许多有价值的手稿、书籍和正在印刷的出版物也一同毁于战火。

淞沪会战·日军攻击招商局码头

The Battle Of Shanghai · Japanese Attack on a Dock of the China Merchants' Navigation Company

　　1937年8月20日，日军攻击招商局码头附近街道，市街边的商店尽数遭受炮火袭击。张治中率第87、88两个精锐师强攻日军据点，在杨树浦与日军反复争夺阵地，战况空前激烈。

淞沪会战·日军攻占上海市政府

The Battle Of Shanghai · Japanese Occupation of the City Hall of Greater Shanghai

1937年8月23日,日军增援部队登岸后,我军第十八军也投入战场,双方在罗店镇血战两昼夜,尸首遍地,片瓦不存。9月13日,日军攻占上海市政府大厦,迫不及待地在墙上留下"胜利纪录"。

淞沪会战·日机轰炸北火车站
The Battle Of Shanghai · Japanese Air Raid on North Railway Station

　　1937年10月11日，日军对宝山大场发动了大规模的攻击。由北火车站至江湾一带陷入一片火海，我守军以左翼兵团第66军，中央兵团第48军和87师等部，以3万兵力组织敢死队，实行反击，血战上海，敢死队官兵大都战死疆场。

土地·人民·岁月

淞沪会战·日军对上海闸北地区的轰炸

The Battle Of Shanghai · Japanese Air Raid on the Chapei District of Shanghai

　　淞沪战役期间，日军出动大批军机对上海市区施行猛烈轰炸，同时日军也对南京、安庆、芜湖等城镇施行轰炸，中国空军由南京、杭州等地起飞迎战，双方爆发激烈的空战。作品记录了1937年10月，遭到日机轰炸的上海闸北地区。

淞沪会战·日军战车穿越市区

The Battle Of Shanghai · Japanese Military Vehicles in Downtown Shanghai

　　1937年12月3日，日军陆续进入上海市区，以支持对南京的攻势。由于日军付出近5万兵力的伤亡代价，原本妄图迅速消灭中国抵抗力量的计划彻底破灭，日本被迫倾全国之力投入全面战争。

日军规划"上海神社"

Japanese Military's Plan for the "Shanghai Shrine"

1938年，日本占领上海一年间，即在上海市政厅前竖起"上海神社建设地"的牌子。日本在其占领地大量兴建神社，以作为征服者的精神象征。台湾、东北以及各日本租界中均兴建了大量的神社，成为中国人的耻辱。抗战胜利后，这些神社均被中国人拆除。

第四部分 内战转折
PART IV　TURN OF CIVIL WAR

抗战胜利后,大街小巷的人们渐渐忘却了被侵略的伤痛。上海,又暂时恢复了往日的平静与繁华,一张张朴实的笑脸展现的是真实地生活在上海的人。

美军在上海街头猎影

US Troops in the Streets of Shanghai

抗战胜利后,美国军舰停泊在黄浦江边。一些美国军官登岸后用相机记录了战后的上海。作品生动反映了美国官兵初次踏上这片土地时表现出来的兴奋感。

街头的乞妇
Female Beggars in the Street

坐在城隍庙一角的乞妇,她们多由外省贫穷的农村流落到大城市。许多农民因农地缺水,或因匪乱废耕,或因交不起田租,以致集体流离家乡,落魄地在大城市的角落行乞。

早餐店里的上海人
Having Breakfast in a Restaurant

上海人一大早到早餐店吃稀饭，配馒头咸菜，顺便闲话两句。作品中两人打扮齐整，神情专注，是上海洋场职员的典型形象。无论岁月如何变迁，这样的职场形象在此后数十年的生活记忆中仍然存在。

二胡小贩
A Fiddle Peddler

卖二胡的小贩往往兼作街头艺人,随便拉上一段曲子,以吸引顾客光顾。缠绵的乐曲为上海的大街小巷增添了不少文艺气息,也编织了黄浦江的百年梦幻。

三轮车夫
A Tricycle Peddler

三轮车是上海主要的交通工具之一。作品中呈现的车夫身着呢料大衣，头发整齐地向后梳理，他的装扮有别于黄包车夫。这些穿梭于上海市街的三轮车，亦成为老上海的代表性景观。

茶 馆
A Teahouse

茶馆是上海市井文化的重要标志。时髦人士选择西式咖啡厅，一般百姓还是习惯在茶馆里谈天说地。虽然，茶馆的卫生条件不尽如意，却反映了老上海市民的休闲方式。

理发店

A Barber's Shop

抗战胜利后,上海市民暂时性地恢复了平静的生活,理发店里剃头、烫发业务一切照常。镜头里的几张笑脸,让人暂时忘却了战争遗留下的伤痛。

肖像画师
A Portraitist

作画的师傅,保留了传统肖像制作的工艺。在学徒制的时代,师傅往往是精湛工艺的代名词。孩子们看着伯伯在灯下作画,不禁开怀大笑。师傅正在使用传统写真的技法,用放大镜照着一幅女士的肖像传移摹写。

童　颜
Children

　　弄堂里的男女孩童，露出天真无邪的笑容。尽管普通市民住的居所并不大，但住宅之间总有一定的公共空间，可供儿童玩耍，因此弄堂里时常充盈着儿童们的欢声笑语。

土地・人民・岁月

市　场
A Marketplace

　　清晨，阳光照射下的物资交易市场，映出几许生气。许多妇人已赶来买菜，准备一天的伙食。抗战结束初期，此处的物资供应还算顺畅丰裕，一切井井有条。

拥挤的苏州河
Heavy Traffic on the Soochow Creek

　　1946年，苏州河间往来的船只，恍惚让人来到了水城威尼斯。小渔船来往穿梭，商贩云集，分明是车水马龙的水上南京路。两岸停泊的渔船，挤出了一条窄窄的河道，显露出上海旧时的繁忙景象。

苏州河畔

By the Soochow Creek

苏州河上川流不息的小型船只,多为内陆河流的运货船,往来于长江边的城镇,自古已然。如今搭配了岸上宏伟的西式建筑,成为沪上的一道迷人景观。

沪宁线列车·豪华外观
Shanghai-Nanking Train · Luxurious Exterior

沪宁线列车建于1908年,是上海通往南京的铁路。"一·二八"事变,铁路线遭日军破坏,并在淞沪会战后为日军占据。1945年,抗日战争胜利,沪宁线恢复运营。

沪宁线列车·宽敞的内饰
Shanghai-Nanking Train · Spacious Interior

上海沪宁线的豪华车厢内，设置了宽敞的沙发转椅，人性化的设计冲和了旅途中的的枯燥。随着内战的全面爆发，这样的安逸生活即将结束。

一个普通家庭的卧房
Bedroom of an Ordinary Family

上海普通市民的住房空间比较狭小,有时候是几代人同处一室,用隔板简易地分隔生活区间。既便如此,家庭经济不算宽裕的妇女,也不忘保持着卷发、旗袍、丝袜这些基本的日常装扮。作品摄于1947年

葬 礼
A Funeral

　气派十足的葬礼中，灵车上覆满了鲜花，由穿制服的孩童组成的乐仪队担任前导，受到西式葬礼的影响，乐队往往演奏美国民谣《马沙永眠黄泉下》。上海是巨商富贾集中的大都市，这样的葬礼几乎每天可见，经常因围观者众造成交通阻塞。

李承晚致谢吴铁城

Syngman Rhee Extending Gratitudes to Wu Tiecheng

1947年4月，韩国革命领袖李承晚博士（右二）拜会国民党政要吴铁城（左二），感谢吴铁城担任上海市长期间对韩国临时政府的大力协助。此时，中国内战已逐渐升级，并扩及全国，朝鲜半岛的局面亦呈风雨欲来之势。

吴国桢欢迎韩国特使团

Wu Guozhen Welcoming Special Envoy from Korea

1948年,上海市长吴国桢(图中发言者)欢迎韩国特使团。韩国政府许多要员反抗日本占领韩国,一度以上海为基地,其第二代中很多人在上海度过童年,熟悉此地的一草一木,对上海抱着特殊的感情。

联合国救援物资抵华
Arrival of UN Aid in China

1945年11月,联合国善后救济总署(简称"联总")与中国签署一项基本协议,在若干年间,由"联总"提供中国各种救济物资与服务,以帮助中国尽快减轻因战争破坏造成的民生问题。1947年,由"联总"提供给中国的首批救援物资,由"继光号"装载,在上海码头卸货。

宋庆龄的贡献
Song Qingling's Contribution

1948年，上海货运工人正装载联合国儿童基金会捐赠的物品。在中国受赠单位中，宋庆龄主持的中国儿童福利基金会是较特殊的一个机构。她透过个人的影响力，将取得的救济物资送入共产党部队驻扎的地区，打破了国民党的恶意经济封锁。

吴国桢训话

Wu Guozhen Giving a Motivational Speech

1948年5月,上海市长吴国桢对市府同仁训话,要求维持市民生活的正常秩序。然而下半年,国内大环境迅速逆转,中国共产党在东北和华北战场上取得全面胜利。

第七届全国运动会·上海代表队
The 7th National Games · Shanghai Delegation

　　中国全运会始办于1910年（清宣统二年）。1948年5月5日至5月17日在上海江湾体育场举行第七届全运会。作为主办城市，上海代表队队伍在开幕式中位列第一。

第七届全国运动会·上海男篮队
The 7th National Games · Shanghai Men's Basketball Team

第七届全国运动会，上海男篮队荣获男子篮球冠军。

第七届全国运动会·台湾省代表队

The 7th National Games · Taiwan Province Delegation

第七届全国运动会上,台湾首次以省的名义派遣代表团参赛。

黄金交易所
Shanghai Gold Exchange

1949年,国民党一系列经济改革政策并未有效地遏制上海经济的混乱情况。作品记录了1949年春,刚刚放开黄金兑换后的上海黄金交易所。尽管渡江战役迫在眉睫,但投机者们还是更在乎黄金行情的变化和自己的利益得失。

打击商人非法屯积活动

Crackdown on Speculative Regrating

20世纪40年代末期,物价飞涨,通货膨胀严重。当局政府派遣专员赶赴上海,试图采取冻结物价、打击囤积物资等严厉措施进行经济管制。作品正记录了青年男女们在广场上参加集会,聆听关于打击商人非法屯积活动的训话。

上海经济警察到商家检查

Financial Investigator in a Shop

　　1948年，为遏制通货膨胀，蒋经国在上海采取了一系列的措施，其中包括发行金元券、强制性地收购民间的黄金白银。商家为了降低利益受损的风险，采取囤积的方式对抗政府的金融政策。

第五部分 人民中国
PART V　PEOPLE'S CHINA

新中国成立后，上海依旧保持着全国最大工商业城市的地位，并朝着崭新的时代迈进。上海生产的轻工业产品，受到了全国人民的喜爱，照相机、缝纫机、钟表、服饰、皮鞋、暖水瓶、搪瓷脸盆等等，"上海货"成了高档商品的同义词。

庆祝上海解放

Celebrating the Liberation of Shanghai

1949年5月27日上海解放,街头举行了大型群众游行的秧歌表演。对于上海而言,国际化大都市的街道上上演了北方特有的娱乐形式。都市文化,在一片解放的欢呼声中,发生着潜移默化的改变。

街头的骑马战士
Cavalry in the Street

解放军战士骑着高头大马在闹市中穿行而过。他们以一种解放被压迫的上海人民的姿态，从农村、根据地进入这座城市。无论对上海市民，还是对这些进城的士兵而言，一种崭新的生活即将开始了。

进城的妇女
Women Coming into Shanghai

　　解放初期，大批党政干部、驻军和退伍军人纷纷迁入城市和解放区。他们在这些城市中担任领导及行政工作，对迁入地的政治、经济等方面产生了较大的影响。照片记录的是一位身着军装、怀抱婴儿的妇女，正匆忙行走在上海的马路上。

大世界门口的黄金荣

Pockmarked Huang at the Entrance to the Great World

黄金荣是上海青帮的头目,流氓"三大亨"之首。建国初期,他并未选择离开,而是继续留在上海。然而,风水流转,曾经叱咤上海滩的黄金荣已经风光不再。这张照片昭告世人:时代变了。

"五反"运动期间宣传队员在里弄教唱革命歌曲

Propagandists Teaching Revolutionary Songs during the "Five-Anti" Campaign

20世纪50年代,《两条道路由你挑》是"五反"运动中家喻户晓的歌曲。作品记录了在上海弄堂,人头攒动,宣传队员们在基层带领群众一起高唱的情景。

"五反"运动
The "Five-Anti" Campaign

20世纪50年代初期,在私营工商业中展开了"反行贿、反偷税漏税、反盗骗国家财产、反偷工减料、反盗窃国家经济情报"的"五反"运动。图中描述的正是在这场运动中,黄浦对外贸易区的企业家们,到"五反"委员会递交检讨书的情景。

庆祝公私合营集会上的工商业者家属

Businessmen's Family at an Assembly Celebrating Joint Ownership Installed in a Private Company

　　1956年，工商业主的家属们在这样的庆祝集会上，依旧保持着上海有钱阶层的体面穿戴。他们虽然共同鼓掌庆祝着社会主义改造的胜利成果，但神情各异，毕竟他们就是这次改造的主要对象。

土地・人民・岁月

人民公园
People's Park

1949年后，市政府将跑马厅的一部分改建为人民公园。当时的公园，四周小河环绕，河上有10座小桥，桥旁各式凉亭、石亭、茅亭造型优美，游人可以船代步，畅游全园。

人民广场一角
A Corner of People's Square

1949年后,原属于跑马厅的场地被分成了人民公园、人民广场和人民大道。随着时代的变迁,位于城市中心的人民广场,逐渐成为集行政、文化、交通、商业为一体的园林式广场。

人民广场上的少先队员

Young Pioneers on People's SQuare

"准备着,为共产主义事业而奋斗!"是所有少先队员的理想。1953年,中国儿童少年队,正式更名为中国少年先锋队。佩戴着象征红旗一角的红领巾的少先队员们,在广场上认真而严肃地站立着,他们要以自己的行动维护红领巾的荣誉。

里弄里的小区卫生

Doing Cleaning in a Lane Neighborhood

石库门里弄,人人打扫卫生,保持环境的整洁和舒适,墙上挂着宣传牌"环境清洁经常化,鸡鸭圈养最重要"。

参加劳动的少先队员们
Young Pioneers Doing Cleaning

"德智体美劳"的五字教育方针影响了一代代的少先队员。作品中的少先队员们,一起参加劳动、"保持环境卫生",是他们从小就应养成的生活习惯。

上海制皂厂出品的香皂成箱运往全国各地
Shipments of "Made in Shanghai" Soaps

上海制皂厂创建于1923年,原名为"英商中国肥皂公司上海分公司",1955年正式定名为"上海制皂厂"。该厂生产的香皂成为中国的知名品牌而经久不衰。

"蝴蝶牌"缝纫机
"Butterfly" Sewing Machines

"协昌缝纫机厂"始建于1919年。1966年,"蝴蝶"正式成为该厂缝纫机产品的商标,并在全国声名鹊起,而这个品牌的缝纫机则成为一时市民争相拥有的家居用品。

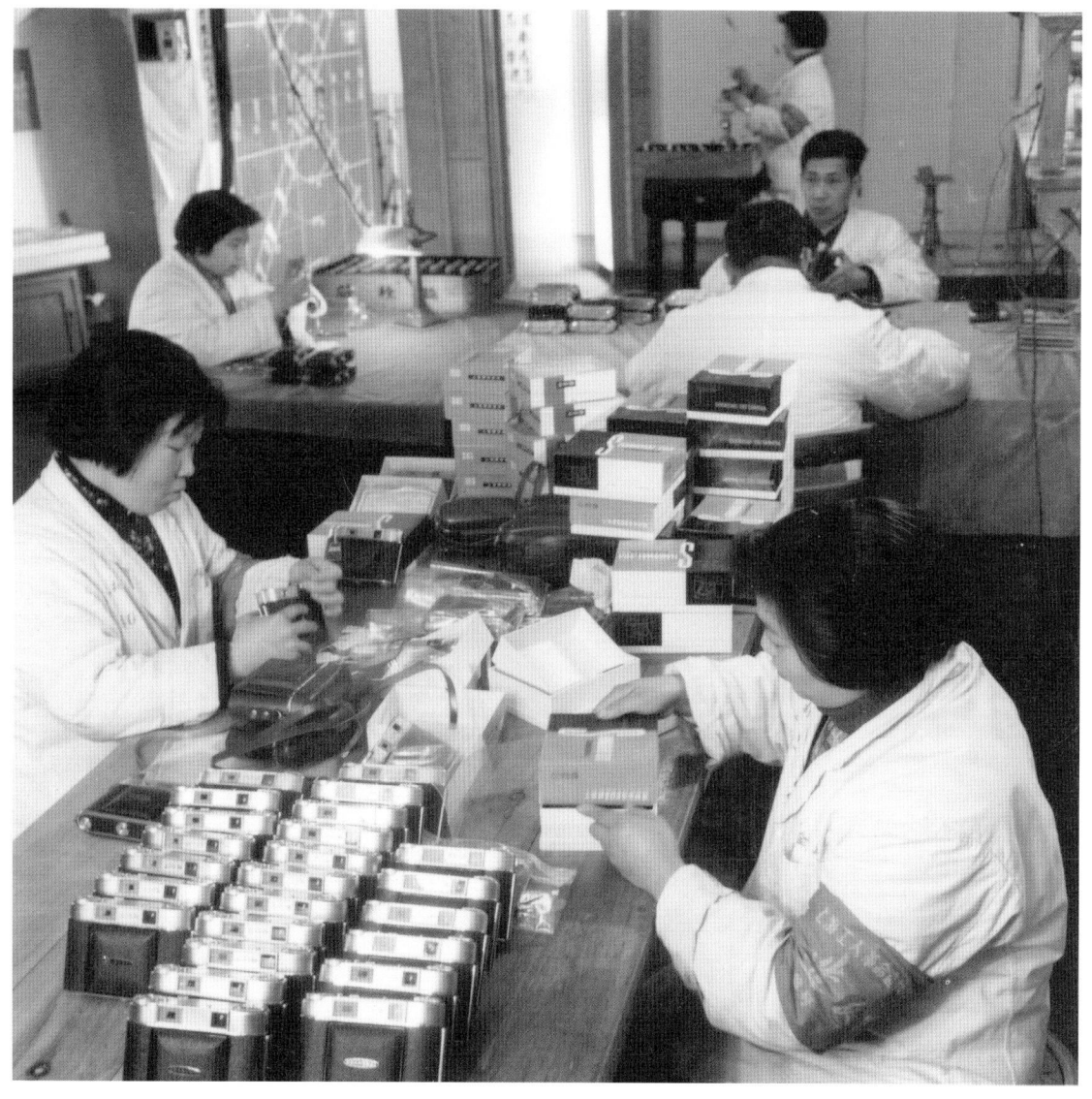

"海鸥牌"照相机

"Seagull" Cameras

　　1958年，全部由国人自制的第一架135上海牌58-I型照相机诞生。1968年，为适应出口需要，上海照相机厂改原商标"上海牌"为"海鸥牌"。当时，摄影爱好者均以拥有一台"海鸥牌"相机为荣。

上海套鞋

Rainboots Made in Shanghai

　　雨鞋，又称套鞋、胶鞋，是上海市民雨雪天气必备的鞋类。清末民初，雨鞋自西方传入上海。1917年，广州兄弟合作树胶公司生产出中国第一双雨鞋后，雨鞋在上海市民中逐渐普及。

钟表店
A Clock and Watch Dealer

钟表店里的工作人员正在调整新进货的挂钟时间。上海制的挂钟美观实用,是布置新家时的高档家具。

试戴手表的男顾客
A Man Trying on A Watch

1955年7月,上海市组织几十家钟厂和钟表店,开始试制手表。1958年,中国第一家手表厂正式成立,命名为"地方国营上海手表厂"。"上海牌"手表成为高档的奢侈品,风靡全国,兴盛一时。

"鹤鸣"牌最新款式的女鞋
New Models of "Heming" Women's Shoes

鸦片战争后,西式皮鞋进入上海,即为妇女所接受。20世纪50年代,上海皮鞋的款式趋于朴素大方,以牛皮、猪皮、羊皮为主。60年代中期至70年代初,以猪皮为原料的大众化平跟皮鞋成为一时的潮流。

试戴丝巾的女顾客
A Lady Trying on a Silk Scarf

经过百年的发展，丝巾的功能已经超乎想象，从服装、领巾、围巾、披肩，到腰带、头巾、发带，甚至被运用为表带，绑在手提袋上作为饰物……一直以来，它都是时尚女性的标志。

百货公司童装部

Children's Clothes Section in a Department Store

童装与成人服饰一样,做工考究,陈列有序,方便小顾客们挑选试穿。作品以一种纪实的方式留下了店员与顾客之间热情交流的鲜活瞬间。

其乐融融

Happiness

女孩头上扎着蝴蝶结,男孩是清爽的板刷头,桌上摆放着塑料花和玻璃器皿,孙辈们绕膝听奶奶讲故事,照片中的一切营造出人们安宁而满足的生活状态。这也是20世纪60年代初影像、绘画作品中的常见表现主题。

工 暇
Taking a Break from Work

作品记录了上海近郊,女青年劳动结束后在池塘中嬉水的景象。她们灿烂的笑容,一扫辛勤劳作后的倦态。朴实而纯真的年代,就在这样的环境中一天天度过。

第六部分 探索幸福

PART IV DISCOVERY AND HAPPINESS

在新社会中，有关幸福的定义曾争论了多年。这些影像涌动着当时人们对新生活的憧憬和高涨的热情……似乎隔着久远的照片还能感受到炽热的气息。

万吨轮"朝阳号"下水典礼
Launching Ceremony of the 10,000 Tonner "Chao Yang"

20世纪60年代,江南造船厂自行设计并成功建造了我国第一艘万吨远洋货轮"东风号"。此后又连续建造了"朝阳"、"劲松"、"险峰"等万吨级船舶。作品表现了在"朝阳"号远洋万吨巨轮的下水典礼上,锣鼓喧天,一片欢腾的景象。

上海近郊的生产大队

Production Brigade in the Suburbs of Shanghai

作品中每个人都鼓足干劲,他们争先恐后地挖泥挑担,这不由让人想起了一首用沪语创作的歌曲《我伲挑河泥》中描写的场景:"面孔笑嘻嘻,我伲挑河泥,扁担接扁担,脚步一崭齐。……"

土地·人民·岁月

午后的阳光
Afternoon Sunshine

　　1967年2月5日午后，近百万群众聚集在上海人民广场，举行"上海人民公社"成立大会。广场上人头攒动，曲乐声隆，台上正跳着忠字舞。午后的阳光洒向广场上的人群，弥漫着时代的迷离气氛。

解放军驻沪部队
PLA Troops in Shanghai

　　同一天，中国人民解放军驻沪部队派出战士代表出席上海人民公社成立大会。战士们席地而坐，肩上靠着步枪，共同朗读着《毛主席语录》。

笑逐颜开
Happy Faces

这一天,人民广场上聚集的工农兵群众中,两名妇女拿着《文汇报》的特刊,读到中共中央对上海情势肯定的电文,笑逐颜开。

毛泽东思想宣传队
Promotion Team of Mao Zedong Thoughts

宣传队员在繁华的上海街区大力宣扬毛泽东思想。由于没有自动播放设备,宣传员举着话筒,拿着手稿,边走边念

毛笔字写得好
Fine Calligraphy

毛笔字写得好的工厂职工，承担着书写单位宣传海报的任务。图中的青年人正专心地为某次小组讨论会书写会议标题——"热烈庆祝中共中央给全国厂矿企业革命职工革命干部的信发表……"。

上海美院师生绘制革命宣传画

Production of Revolutionary Posters by Fine Arts Academy Teachers and Students

艺术院校的学生积极响应时代的号召,描绘反映时代特征的宣传画。他们的手臂上都配戴"红卫兵"字样的袖章,身后的墙面上贴满了他们已经创作完成的宣传画。

青年学生的赤忱
Young Students' Devotion

20世纪60年代,上海一所中学的女学生在操场集会。她们高举《毛主席语录》,呼喊着革命口号,姣好的容貌洋溢着青春的气息。无数青年学子抱着赤诚之心投入"文化大革命"的洪流中。

"一大"会址
Site of CPC's First National Congress

"一大"会址是中国共产党第一次全国代表大会召开的场地,其间陈列了大量的珍贵文物与文献。作品表现了辽宁省的青年学生们在"一大"会址,集体学习中国共产党艰苦卓绝的精神。

上海火车站
Shanghai Railway Station

人群拥挤的上海火车站内,革命青年们一边大声朗读《毛主席语录》,一边等待351次开往宁波的列车。

土地·人民·岁月

"铁姑娘"
"Iron Maiden"

革命女青年们在"上山下乡"的号召下来到农村参加劳动，她们吃苦耐劳，能干男人的活，体现了"男女平等"的新风尚，被赞为"铁姑娘"。

农田里的劳动妇女
Women Working in the Fields

上海近郊,农田里的劳动妇女们,乘休息的间隙聚拢在一起开展政治学习,有的还带着不会走路的娃娃,在田间一起学习《毛主席语录》。这一度成为中国农村一道独特的风景线。

生产队分配大会
An Assembly of the Production Brigade

农村地区实行以生产小队为基本核算单位的"三级所有、队为基础"的体制后，各队的生产收获直接影响到每一个社员。大家同心协力，为各自的生产队努力劳作并共同享受着集体劳动的成果。

土地・人民・岁月

青年男女跳舞联欢
Dancing Mixer

1979年之后，社会开始出现比较宽松的气氛，人们追求新的生活方式，传统娱乐内容逐步地恢复。作品中展现了上海多家工厂的青年男女一起跳舞联欢的生动场景。

里根访华

Reagan's Visit to China

1984年4月,美国总统里根到中国进行国事访问,并应邀在上海复旦大学进行公开演说。右为上海市长汪道涵,左为复旦大学校长谢希德。

新的大世界
A New Look of the Great World

1987年，"大世界"游乐场重新整修，开张的第一天即吸引了大批的人潮，台上的歌手在现场乐队的伴奏下，一抒夜上海的情怀，仿佛重现了20世纪30年代"大世界"的金色年华。

秦风、陈丹青、冯克力三人谈
影像中的上海城市变迁
An Image-based Conversazione on Urban Transformation in Shanghai

主 持 人：张 晴
时 　 间：2009年12月10日　15:00–17:00
地 　 点：上海美术馆四楼报告厅

张　晴：各位来宾下午好，很感谢冒雨赶来现场的观众！上海这座城市需要文化，《魅影海上》展从一个侧面呈现了上海这座城市独特的文化与历史，也使上海这座城市和几代市民在影像中生动地交相辉映，百年上海影像勾起了我们温馨的记忆，把我们的思绪拉回到自己母亲的怀抱中。今天，我们以古代吴越文人雅集的方式，将"研讨会"改称为"漫谈会"，也就是让大家将《魅影海上》中的故事作为引发来讲讲、聊聊，说说我们祖辈的往事，讲讲我们自己的故事，让我们穿越影像史来回溯我们感同身受的土地、岁月、人民。

今天的嘉宾有秦风先生，他是这个展览主要照片提供者和研究者，他在最近十多年收藏和研究中外老照片的过程中，有着很深刻的见解和丰富的学术成果，出版了许多珍贵的老照片书籍，像《秦风老照片》等丛书，稍后会叙述他与照片的"姻缘"；第二位是上海人，陈丹青先生，他回到了上海，和家乡人很亲近，大家都很喜欢他，漫谈会结束之后，大家要签名、合影可以继续；第三位嘉宾是非常有名的冯克力先生，他是《老照片》的主编，致力于老照片的收集、出版、传播，为其立下汗马功劳。"老照片"三个字看看很简单，但让很多有文化与历史诉求、热爱历史的人才把各种各样的力量聚集在一起，才汇成了老照片这三个字，使褪色的往事又激活了具有一种特殊现代性的海上–上海。首先，有请秦风先生谈谈他这么多年来收集照片和这次上海影像展的关系。

图1

图2

图3

"上海·人·光阴" | 秦风

首先,我知道今天大家不是为我来的。(笑)你们是为我身后这位超强的"卡斯"阵容而来。不过有时候,配角也会抢戏,今天我虽然是配角,但我抱着一种心情,一种感受,你们这么热情地来,我不能让你们白跑一趟。如果大家觉得来了也不过如此,我会非常地愧疚。我的特点是很会收藏照片,很有耐心、很有毅力地收藏照片,今天我为大家带来的是我收藏的上海老照片。我把这些上海照片整理成一连串"人"的故事,我们从"人"来讲上海。所以我的题目叫"上海·人·光阴"。

上海是从鸦片战争开始出现新的建筑,西方的商人进来,造就了一批很富裕的人。下面我们边看图边聊。

(图1)富比士先生富裕悠闲的日子(1865年)。

富比士先生是来自美国波士顿的地方望族,也是2004年美国民主党总统候选人约翰·盖里的曾外祖父。1860年,他在上海经商,靠鸦片累积了财富。这张照片是富比士先生和他养的一匹马,左边是他的仆人。这是有钱有闲的西洋商人在中国,尤其是在上海所过的生活。

(图2)公泰照相馆的外滩全景(1870年)。

外国人将各种新型科技带入上海,包括现代摄影技术。公泰照相馆是上海最早的照相馆之一。此为公泰所摄外滩全景图,作为旅游收藏纪念之用,为目前已知最早的外滩全景图。

(图3)耀华照相馆的创意产业(1890年)。

耀华照相馆是上海早期照相馆,用摆拍的方式,雇用中国人,表演民俗风情,或者刑罚猎奇的场景,制作单张照片,销售给外国游客。其性质继承了早期广东的通草画,以满足外国人对中国的想象。

图4　　　　　　　　图5-1　　　　　图5-2　　　　　　　　　　图6

（图4、5-1、5-2）西洋版画中的繁荣、耻辱与自强（1890年）。

这批版画是我从陈丹青老师手中借过来的，所以我首先要替大家谢谢他。照相术发展之前，版画是西方用来记录外国图像的主要方式，有关中国的图像大量刊载于西方的出版物上。即使摄影发明后，由于照相印刷技术不是很成熟，西方的报刊仍只用版画的形式报道外国的事。有关上海的版画也经常出现在西方的刊物中。这是当时描述上海的西方版画，有纪实的，有美术的。这样的东西还没有被文化界充分地认识。美术部分，今天中国的美术界也较少注意到。我现在正在大量收藏描绘上海的西洋版画。（图4）是西洋的鸦片船来到中国，当时鸦片被做成圆球的形状。这张图片在内地没有被用过，如果官方知道有这样的版画，可能会用在教科书上。其中描绘了上海外地苦力住的房子，非常简陋。另外我还有两张中国人到美国打工的版画，和这个是连在一起的。19世纪80年代，修铁路需要引进大量的华工，我印象比较深刻的是中国人蹲着吃饭的样子，给我一种特殊的感觉，生怕被外国人抓到，一群中国人蹲着吃饭。（图5-1）描绘了华工在洛杉矶刚刚登陆的情景，他们受到排挤，因为他们抢了外国人的工作，爱尔兰人要殴打他们。这张版画反映爱尔兰的工人要打中国人。这个女性代表的是美国，她讲了一句话："先生们，美国是代表对所有人公平的游戏。"表示什么？中国人的贫弱，连自己都保护不了，需要别人主持正义。我最近大量从欧美收集关于中国劳工在外国版画中的描述，这块我们也很忽略。既然有耻辱，自然就有自强运动。

（图5-2）是外国人描述辛亥革命后的上海。左下角有"上海"的字样。辛亥革命之后，中国人自己把辫子剪掉了。下面一位老先生，吓得都逃走了。自强运动，是中国人要独立自强的呼声，同时也受到了外来文化的影响。

（图6）胸怀大志的毛润之（1924年）。

毛润之就是毛泽东年轻时用的别号。这张照片可以看到，毛润之排在后排左边第二个，当时30岁。这是在孙中山的寓所，正值国共合作，在"广州国民党一大"之前的时候拍的。当时的毛润之不是那么引人注意。但是25年后，他成为中国最伟大的领袖。

图7　　　　　　　　　　图8　　　　　　　　　　图9　　　　　　　　　　图10

（图7）龙华记者会的少壮军人（1927年）。

蒋介石在龙华开记者会，我很少见他穿西装的影像，大部分都是军装。毕竟他还喝过洋墨水，插着派克钢笔。当时他下野，刚刚结婚，准备去日本。

（图8）璀璨的上海洋场（1930年）。

20世纪30年代，上海经济文化发展达到巅峰，市井繁荣，革命家、艺术家、文化人、商人、特务、投机分子，各色人群荟集于此，在迷醉的灯光下摩肩接踵。我小学课本里就摘录了十里洋场，所以印象很深刻。

（图9、10、11、12）遥向烽火的天边（1937年）。

芦沟桥事变打响了中国人的全面抗战，接着淞沪战争成了中日第一场正面决战，战火烧进了上海的大街小巷。这是中日第一场大的决战。为什么？因为我们的武器打不过别人。怎么办？利用城市自然的屏障。那等于是把每一个百姓的家当成战地，这个牺牲非常惨烈，可以想象。这场战役拖延了日军三个月，非常重要。史学家今天都公认，因为上海的战争，打击了日军的锐气，让他们知道事情没有他们想象的那么容易。

（图10）上海留日同学救亡会。中国留日学生在"七·七"后，大部分由日本直接回来了，七千多人回来四千多人。他们的精神面貌，他们的容貌和今天上海朋友的容貌还是很接近。

图11　　　　　　　　　　　　图12　　　　　　　　　　　　图13　　　　　　　　　　　　图14

（图11）近郊的一个战场。杀气腾腾的日军。我从陈丹青老师收藏的《朝日新闻》当中摘出来的巷战的场景，日军拿着武士刀。

（图12）日军对上海闸北区的轰炸。取自《朝日新闻》的照片，场景很惨烈。

（图13）胜利后几名美军的上海街头猎影（1946年）。

这几位不是专业的摄影家，但是看到什么拍什么，有朴实的美。

（图14）台湾省代表队初踏江湾体育场（1948年）。

1948年5月，第七届全国运动会在上海江湾体育场举行，历经半个世纪由日本统治的台湾，在战后回到祖国的怀抱，并首次派出代表团参赛，这是整个20世纪台湾以中国一省的身份参加全国运动会唯一的一次（也就是1945年台湾光复回到祖国怀抱，1949年国民党到台湾去，国家又分裂了）。有4年的时间，台湾和大陆构成一个完整的国家，没有分裂。在这段时间，1948年全国运动会在江湾体育场举行的时候，台湾省派队伍过来。这组照片是上海城市历史非常重要的一部分，因为它证明台湾是中国的一部分。这组照片，我大概有几十张，与台湾代表队相关的有六七张，这对上海城市史来讲是非常重要的影像记录。

图15　　　　　　　　图16　　　　　　　　图17　　　　　　　　图18

图19　　　　　　　　图20

（图15、16）上海的早晨（20世纪50年代）。

这是周而复所写的书的书名，我借用冯克力老师的收藏往下走一下。新中国成立之后，精神面貌改变了，比较有纪律，比较清新、整齐。城市脏乱的面貌被清理了，乞丐被送回去了，整个城市精神焕发。

（图15）人民广场反映了20世纪50年代城市生活的一角。

（图16）这是冯克力老师提供的——资本家交检查。

（图17）一切追求大公无私（1956年）。
永安公司接受社会主义改造公私合营的过程。

（图18）人民广场午后的阳光（1967年）。
这是我最喜欢的照片之一。轰轰烈烈，十年如一日，一晃而过。虽然当时度日如年，但是回首的时候，发现也不过如弹指间。

（图19）重新跳跃的轻松舞步（1978年）。
改革开放之后上海的青年职工，开始跳交谊舞。

图21　　　　图22　　　　图23　　　　图24

图25　　　　图26

（图20）里根总统的灿烂笑容（1984年）。

里根总统1984年的时候来上海作访问，和尼克松不同的是在复旦大学作了一场演讲，这为美国总统每次来国内作演讲开了先例。左边是复旦的谢希德校长，右边是上海当时的市长汪道涵。当时他演讲，我在台湾做记者，听收音机。里根是非常好的沟通者，他是大帅哥，不仅迷人，而且很会讲话，很会推销他的想法。我找了一张他早年做香烟广告的照片，里根会让你感到开心，感到想笑，可以看得出他是多么的迷人。

（图21）浦东与新上海（1992年）。

这是1992年的浦东，还很纯朴。梦想家、冒险家、艺术家、文化人、创意工作者、商人、打工者等又重新聚拢在这座充满魅力和传奇的中国大都会。

（图22~28）追梦沪江三十载。

我将改革前后的照片分两边，大家可以对照，可以从中品味。

1987年，重新开放的大世界。

新大楼开张发宣传单。

外滩的荷兰银行重新开张。这是一种感觉，不同社会时代的景观对比的照片。

图27　　　　　　　　　　　图28　　　　　　　　　　　图29

全中国年纪最大的股民。她当年91岁，是上海人。

英语角。和外国人学英语的照片。

现在上海每一位父母，都觉得自己的小孩应该像墙壁上挂着的大音乐家一样。

华东师范大学追寻革命足迹。现在是成了一种时髦的旅行。

（图29）多年前第一次到上海的好友。

我谈谈自己1988年第一次到上海的情况。当时复旦大学和台湾大学在新加坡举行辩论比赛，那一年非常轰动。当时辩论的形式，大陆很多地方都模仿。适时我在新加坡采访，跟了他们2个月之后，我就去上海，去复旦找他们。我第一次到上海，充满期待，虽然我去过欧美很多大都市，但是我童年的向往还在这里，我非常兴奋。一到，我先去复旦大学找他们，进入了他们的东楼宿舍。我不知道现在的宿舍是不是还是这样，我想，男生怎么可以到女生的宿舍，女生怎么可以去男生的宿舍？当时在台湾是绝对不可以的。当然对我来说是好事，我希望台湾也可以这样。照片左边是伍贻康，右边是王沪宁。我拿这张照片没有攀关系的意思，我只是告诉各位，在海峡两岸交流的初期，人们之间有一种很自然的感情。我们一起喝啤酒、聊天，他们送书给我，我看了印象很深刻，我知道他在想什么。他把他们的思想在书里面描述得很清楚。后来，我去了南京。我到南京的时候，又碰到一群年轻的画家。我们聊得很愉快。我请他们到咖啡厅喝咖啡。第二年我又再来，又和他们在一起，期间有通信，有一起拍照。有一位我和他特别熟，我来了特别找他去南京玩，我们一起合影。20年后，也就是去年他特地打电话给我，我们一起在台北拍了照片。人生何处不相逢，人生充满了惊奇。

过往时光中的甜蜜蜜，如果我用PPT把邓丽君的《甜蜜蜜》和这个搭在一起，有什么感觉呢？

在我简单地自我表现了一番之后，如果大家有一点心满意足的感觉，我就达到目的了。

张　晴：谢谢秦风先生，秦风先生虽然来自宝岛台湾，却带着一帮上海人看上海。我想，这个影像生存在每个上海人的心目当中。这些房子，有的还在，有的已经不在了。冯先生看了这些照片一定有很多话要讲，因为他一路过来都在收藏老照片，这些照片当中有往昔的追忆。

图30

时代转换中的上海瞬间 | 冯克力

　　刚才秦风先生展示的，特别是1949年后中国人所经历的岁月影像，很大程度上是作为一个生活在台湾的中国人，对大陆生活隔海相望的一种感受，当然会有他个人独特的观察角度。我们从这样的眼光和叙述当中，也会受到启发，得到很多东西。今天我想谈谈《老照片》里面刊载过的，上海处在时代转换之际的一些照片，时间大概是1948年到1956年。我首先要强调一下，上海这个地方开埠比较早，是得风气之先的城市。摄影也是工业化的产物，可以说和这个城市工业化的步伐一起成长。我们一开始做《老照片》这本书的时候，在上海获益很多。借这个机会，我也向上海的读者、作者表达由衷的谢意。

　　我们现在谈到上海时代转换的时候，可能要把时间往前推一下。我们大家学过中国革命史，对这段历史有所了解。中国共产党领导的这场革命，经过了一些挫折和失败之后，最终选择的是一条建立农村根据地，通过武装斗争，农村包围城市的道路。这个革命在1949年取得胜利的时候，形式上有一个很重要的表现，就是农村对城市的接收，接下来就是所谓社会主义对资本主义的改造。上海，作为一个繁华的、工业化发展很快的亚洲大都市，她在这种接收和改造中感受到的阵痛，可能要比一般的中小城市更深刻一些。

　　（图30）这张照片反映的是1949年，警察到商家检查是否有囤积商品的情况。蒋经国1948年在上海主导了金融改革。其实，这次金融改革用现在的话说就是经济的宏观调整。他的调整，很大程度是为了遏制通货膨胀，这个过程当中一个很重要的措施，就是通过发行金元券的方法，把民间的黄金白银收购上来，这个收购是强制性的。同时，把物价冻结下来，企图通过这种方式控制物价。这个措施，在一段时间内是有效的。但是也带来了很强烈的负面作用，很多商家从事商业经营活动的时候，利益就要受到很大的损害，于是采取了囤积的方式，什么时候物价放开，我商品什么时候再往外走。这样的措施对政府实行的宏观调控有很大的负面影响，于是政府采取强制的措施到商家检查。

　　其实，中国权力阶层对资本一直有一种很警惕的态度。孙中山先生和国民党，最初的革命纲领里面有一条很重要的内容就是节制资本。1948年，蒋介石想通过这种方式渡过他面对的一些经济危机。当时，三大战役虽然还没有爆发，但是他的败相已经显露出来了。

图31　　　　　　　　　　　图32　　　　　　　　　　　　图33

　　后来经过一段时间后，经济收紧的政策，宏观调控的办法行不通，只好放开黄金的兑换。当时他采取一个政策，黄金自由兑换这块停止了。后来一放开，马上发生了到银行抢兑黄金的风潮。

　　（图31）就是放开黄金兑换后上海的黄金交易所。时间是1949年春，渡江战役的前夕。人民解放军的百万大军已经集结在江北，一声令下就马上席卷而来。但那时候大家还是很关注黄金行情的变化，在乎自己利益的得失。经济利益的驱动，有时候可能会超出他们对生存环境的考量。1949年新政权建立后，黄金交易所马上就关闭了，而且一关就是半个世纪，直到2002年，才重新恢复。

　　（图32）这张照片是外国摄影家拍摄的，摄影家叫赛木塔塔，他生在上海，在时代转换的时候他还在上海，没有走。他拍了一些照片，收在他的摄影集《上海1949，一个时代的终结》里面。提供这张和下面一张照片的是上海一位画家沈家蔚，他在国外看到了画册就翻拍了一些寄给了我们，同时附了他对照片的解读，写得很精彩。

　　这张照片上是一位穿着军装，刚刚进城的妇女。她怀里抱着一个孩子，急匆匆地从街道上走过。1949年的时候，上海移民潮有一个很普遍的现象，就是南下的军人和干部，这对上海后来人口的情况、构成也产生很大变化。这个变化，很大程度上影响了上海市的一些生活状态。沈家蔚解说当中有一句话很有意思，因为当时他的小学同学、中学同学有很多是南下干部的孩子。他说："怀里抱着的这个孩子，是不是就是我小学、中学的某一个同学呢？"

　　（图33）这是反映解放军进城之后，从农村、根据地来的战士骑着高头大马在闹市当中招摇而过。中国革命取得胜利的一种形式表现就是农村对城市的接收。马，是农耕文明很具标志性的交通工具。这张照片，我们要看怎么理解，是不是某种程度也反映农耕文明对工业文明短暂的征服呢？

图34　　　　　　　　　　　　图35　　　　　　　　　　　　图36

（图34）这是当时庆祝上海解放，举行群众游行中的秧歌队。腰鼓和秧歌，是从北方生活的土壤当中产生出来的，现在堂而皇之地进入上海的现代化都市街道，而且这种娱乐形式在随后的日子里面还经常会让上海人见到。其实它反映了带有根据地色彩的文化对上海生活的侵入。

在时代转换之际，最能反映时代转换的恐怕还是一些人物的命运。

（图35）这张照片是黄金荣1951年在大世界门口参加劳动，打扫卫生。1949年，新政权建立，他没有走，选择留下来。这张照片意思是说，你要结束过去不劳而获的生活，要参加一些力所能及的工作。大世界是他过去耀武扬威的地方，罚他在这里从事一些体力劳动。这种惩罚里面可能带有很深刻的含义。当然，我估计他的劳动也是象征性的，拍个照片给大家看看，世道变了，也就完了。可能也不会让他整天在那里扫垃圾。好像是第二年他就离开了这个世界。

（图16）这张照片，秦风先生已经展示过了，"五反"运动中黄浦对外贸易区的企业家，到"五反"委员会递交检讨书。这让我想到前面展示的那张1948年经济警察去商家查是不是有囤积货物的照片。我觉得这两张照片，从资本家的身体语言、面部表情来看，这次显然对他们的压力更大一些。采取这种方式对资本家进行整肃，也有当时客观的原因，可能有一些问题。应该说那种情况不是很普遍的，人人都要过筛子。人人过筛子时候的心情、状况就发生很大的变化。据说有不少资本家，因为压力太大有得精神病的，或者说自寻短见的情况，在上海可能也有所发生。

（图36）这张和再下面的照片，是我当初编《老照片》的时候从新华社档案馆里找的。记录了当时配合"五反"运动上海街头沪光电影院前的宣传画，可能在三年前的时候，这里张贴的还是美国大片的广告。照片里的人，正好从镜头前走过，和背景中的画面构成了呼应。他可能不是不法奸商，但是走到这个照片里面，似乎就成了照片的一部分。

图37　　　　　　　　　　　图38　　　　　　　　　　　图39

（图37）这是反映宣传队到里弄里面教唱歌曲的情形。唱的是《两条道路任你挑》。成百上千的人被召集到一起唱。当时的时代转换过程中，新政权采取了搞运动的方式，充分动员社会。其实当时夺取政权的时候也是走这个路子，进入新社会也把过去建立根据地的方法、社会动员和组织的方式拿到城市里面来。这两张照片都是新华社记者拍的，但没有正式发表，而且在资料本上写的是"不宜发表"，我当时看了就很纳闷，为什么这样的照片不可以发表？后来想想，这种画面表现的氛围有点过于肃杀，他们可能还是希望看上去缓和一些。

（图38）1956年社会主义改造的时候，工商业者的家属们来参加一个庆祝改造胜利的集会。从家属的穿戴来看，还带有不少过去时代的痕迹。但是从表情来看，则显得忐忑而茫然，对未来命运有一些担忧。应该说再过几年之后，他们的穿戴可能都会成为问题，但这个时候还不是。

（图39）这张照片是上海工商业者到庆祝会上报喜，其中一个人是"天官赐福"的装扮，手里展开了一个条幅叫"社会主义到了"。上海的时代转换，到此也划了一个句号。

张　晴：谢谢冯先生，讲到50年代戛然而止，让我们看到了社会主义好，一直到今天。我们如何看待这一路过来，影像带给我们这段历史记忆和今天我们的反思？我们这座城市变迁，其实是有文字记载和口口相传的。今天我们讨论影像的记录，陈丹青老师多年来收集着上海的老照片，我想，他作为上海人，对上海这座城市的热爱和怀念，把老照片收集起来，会有他自己的心情。今天陈丹青老师在看展览的时候，似乎已经回到自己童年的岁月，接下来请陈老师谈谈上海，谈谈老照片。

记忆中那些消失了的 | 陈丹青

其实我还是没有想好要说什么，如果这是画展或者是别的展，可以想很多说法。但是影像是特别有说服力的，特别雄辩的。刚才两组影像就非常雄辩。我非常希望在座的大家聊聊看，也许我会想到有什么话题可以说下去。冯克力讲到1956年迄，从此上海就回到没有资本家的上海，这是不可想象的。上海之所以是我们知道的那个上海，因为有帝国主义，有金融，有大大小小的资本家，还有他们的生活方式。此外，上海是一个小市民的世界。你这个照片，揭示的是资本家的灭顶之灾来了，此后上海就"完蛋"了，一直到"文革"结束。

后来有过一段好时候，80年代上海真的就像风尘女子洗洗好，重新打扮就变成我们现在看到的上海了。但是上海的魅力从此没有了。我就照我记忆当中谈谈，我从国外回来后发现上海有五种人没有了。

第一是资本家没有了。这一点我印象特别深。照片当中的太太还穿着旗袍，走出来还是一个资产阶级太太。我小学同学的家长也是那个样子。1976、1977年，毛（泽东）一死，"文化大革命"一结束，最敏感的资本家，第一批申请到美国去。所以，照片里走出来的是老牌资本家，今天已经看不到了，他们的后代也看不到了。他们出去再回来，当年的那种味道没有了。因为他们出去也是留美的行为，不愿意留在这个地方，太屈辱了。资本家、小业主、做生意的人太惨了，有史以来一个有钱的阶层没有被这样侮辱过，侮辱到就是活不下去，又不让你死。陈毅最后和大家解释，不要慌，没关系。最后荣毅仁带头公私合营。

现在看《三联周刊》纪念荣毅仁去世，字里行间可以看出这批资本家当年实在没有办法。你想想，要让今天做房地产的这帮人把资产交出来，他们愿意吗？你让他公私合营，他们愿意吗？这样的事情真的就发生在50年代。所谓公私合营，这是对外说的，老上海都知道。我回来第一感觉：资本家没有了，资本家的后代也没有了。

第二是流氓也没有了。我后来才知道，黄金荣、杜月笙、吴四宝、张啸林他们的弟子，解放前轮不到他们（说话）的。解放之后老流氓走了，小流氓留下来了，小流氓老了，没人可以讲话，弄堂里面和我们这帮小孩讲。我小时候讲的切口都是流氓切口，什么切口？其实就是人际关系的切口。"侬上路勿上路？""侬帮忙哇？"等等，所有这些，其实都是社会智慧。最近，《三联周刊》专门采访了杜月笙的儿子，里面有孟小冬的照片，好漂亮的一个女的。我一看就伤心，小时候这么漂亮的阿姨马路上很容易看到的。我们都看到孟小冬戏妆的样子，没想到她到香港年纪蛮大了，45岁左右，还是好看。站在杜月笙后面。杜月笙的儿子也是七八十岁了。说你如何看待你父亲，作为一个流氓、一个黑社会，在那个年代。他讲得很好，他没有接这个话题，他说你没有在当年的社会生活过。当年，你在社会上混，你需要别人帮忙，你翅膀硬了也要帮别人忙。这是我听过所有对黑社会流氓的解释中最朴实的，就是帮忙。为什么？我们小时候就是江湖上混啊，16岁塞到火车里面全中国混去，这真的就是一句话——帮忙。我们当时弄堂里面说"赤佬不帮忙"，最看不起的就是不帮忙，陈逸飞为什么那时候大家都喜欢？因为他帮忙，同时帮十多人、20个人的忙，这个胳膊掉下来，那个要买小提琴，都帮忙。我也一路有人帮我忙。我也不断帮别人忙。我这才知道，这是流氓所说的"帮忙"。那时候帮蒋介石、帮国民政府的忙。老毛也是得到人帮忙，他到上海，洪晃的外公章士钊给他一笔钱，他不去，他还有更大的忙需要帮，所以留下来了。孙中山更不用说了，多少日本人、多少广东人帮他了。现在流氓没有了，我现在不知道在上海大家怎么互相帮忙，都是互相利用，不是帮忙了。从前的帮忙真的是帮忙，脑袋卸下来帮你的忙，现在不会有了。

　　第三是工人阶级没有了。就是打工仔。这个展览有一批照片没有放。上海出过很多人物的，后来都站到审判台上去了。我亲眼看到的，我爸爸带着我到淮海路，那时候非常冷，工人赤膊，七八个人拎一个大鼓，有七八个人鼓，你想多少人赤膊？在12月份到1月份的时候，风驰电闪，文化广场开完会，出来经过淮海路，呼啸而去，就到火车站坐火车，要到北京找毛主席。结果被人阻挡在安亭，这帮工人就全部躺在铁轨上，京沪铁路中断大概48小时，然后紧急派张春桥、姚文元去。当时他们已经到北京当官了，进入安亭去跟工人领袖谈判。工人领袖就是潘国平，很惊讶看到他们年轻时候的照片，王红元、潘国平、陈阿杜、王世贞都三十几岁的小伙子，很漂亮的样子，意气风发，就是不买帐。我们工人怎么样，你们讲话不算数。还有一个中央美院附中毕业的才子，我就不说他的名字了，因为他非常想忘记这段。当时他是南下的红卫兵，到处煽风点火闹革命，就是他煽动上海工人造反派他们去的。历史上不知道这个人，他后来躲在另一节车厢里面，王红元、潘国平、陈阿杜到底是工人，不太会讲话，和姚文元他们谈一会儿话讲不下去了，怎么办？等一下，就跑到那节车厢去问这个中央美院的。他说，你要怎么怎么说，第一、第二条。讲了一段又讲不下去了，再回到车厢去问。那时，流氓和工人是很容易结合的，很震撼的力量。90年代我在纽约看到潘国平了，开了个古董店。我说你是潘国平。他听了很感动，居然还有人记得他？我说我当时是小赤佬，不太知道你们的事。他滔滔不绝地说，在监狱里面没有人可以讲啊。上海资本家没有了，流氓没有了，工人也没有了。

　　还有两类人，一类是书生，上海书生。上海这种书生我现在没有办法告诉大家他们长什么样子，一看就是纯书生，就是像丛安平，只求真理，非常傻，一直到红卫兵时代，这种书生还有。你说他没有看过哪本书他会脸红的，很长时间会不开心的。这种人，只要有东西吃，有碗面条，会一直聊到天亮，再聊下去，就聊学问、谈诗、谈俄国文学，哪怕是谈颜料怎么调。这种傻子现在没有了。不是上海没有，全中国几乎都没有了。全中国都是博士生、硕士生，但是书生没有了，奇怪吗？

　　还有一种，最遗憾的，就是上海女人没有了。在座的女同胞不要不高兴，上海有一种女人，以前只有上海有。天津、武汉可能也有一些，就是特别解风情，跑出来样子很好，未必穿成什么样子。那时候不能打扮，头发自己烫烫，说话很客气，从来不和人吵架，声音很轻的，每个弄堂都有一两个这样的女人。但这是一个很复杂的话题，我以小男孩的视角，现在回想，我没有证据。我有一个很强烈的印象，就是有五种人消失了，包括这样的女人。我不知道你们单位有没有，每个单位、每条弄堂，每一片区都有这样的人，而且有点名气的。大家讲起来都知道，完全不是靠媒体，不是靠单位（宣传）。

以上五种人消失之后，上海的名字还叫上海，但完全是另外一回事。现在可能有新的流氓、新的女人再起来，有新的资本家。但我不觉得现在的有钱人是资本家，他不给我名片，或者没人介绍，我真的看不出他有亿万身价，因为我料定，20年后他还是像瘪三一样。但是上海当时的资本家不一样，是清末有根底、有家世的人，当然也有社会关系，但是人又很正派，也是读"四书五经"一路过来的。后来被连根铲除，中国唯一集中最多现代资本家、有现代观念的地方被连根铲除，上海就被"宫"掉了。

大家随便聊聊吧，我也不知道讲什么内容，反正今天我们就是一个漫谈会。

张　晴：陈丹青是老上海，讲上海社会变迁与人物比较，讲得大家很开心。他刚才讲的很多在上海已经过去的往事。"帮忙"，在我的理解当中，现在现实生活中还有。比如说这个人很"海派"，什么意思？就是很"帮忙"。海派如何解释？只有感受过老上海的腔调才能领略，才能觉得与这块神奇土地，这百年岁月，这几代人民有着千丝万缕的关联，如同一句"帮忙"仍然能打开上海本地人的心扉，仍然是上海本地人精神层面与灵魂深处的共同认同，这是在上海人的生活语境当中，上海人懂得默默维护的弄堂里面余音绕梁的切口。我相信切口在底层社会仍具有力量，仍具有价值，这也是"魅影"的一个画外音。希望在座的各位可以和在座的嘉宾一起漫谈。

现场问答摘录

观　　众：我专程从沈阳赶过来的。既是秦风先生的粉丝，我也是《老照片》的发烧友，二十多年收藏老照片，我重点收藏东北地区的老照片。在座有很多老照片的收藏爱好者，或者叫收藏家，我想替收藏家问秦风先生几句话。现在有很多人喜欢搞老照片收藏，都是经过什么渠道收藏？收藏老照片有哪些注意事项？您作为老照片的资深收藏家，请您先讲一讲。

秦　　风：我收藏老照片，首先是因为喜欢。兴趣在英文里面叫Interest，这个词有三个意思，一个解释为兴趣，一个是利益，另外一个叫利息。这三个意思是同一个字，但是有高度的哲学含义在里面。最早收藏老照片对我来讲不存在实质意义，因为谈不上物质意义上的价值，没有太大的金钱价值。尽管如此，很多人不见得会去买，因为你买要花钱。没有经济利益，你买的东西也会更少，因为没有投资性。我们买，就是因为喜欢。另外，我当时要编书，需要老照片。一般的编辑不会有拥有照片的欲望，一般是用一下、翻拍一下就可以了。我有收藏的欲望，于是我开始收。最近几年老照片在市场上变得有价值了，有利可图，价格就高了，东西就少了。就渠道来讲，旧货市场是老照片最大的来源。不过在旧货市场找东西可能是有限的，因为很容易一下子被抢光了。我从国内外、日本、欧美的市场上可以买。过去是零散地买，现在变成资本行为了，需要有雄厚资金来支持我做这件事，所以我才可以大量地收集。像这次展览那些"文革"百万人的场面，那原来是底片，是我在上海的市场买的。在上海的旧货市场里面据说放了好一阵子，没有人要。价值显而易见的，但是就搁在那里，好像是在静静地等着我，就像人和东西间的奇缘。也许，被我取得了，对照片来说也是最好的归宿。我相信我会比同业更有强烈的情感，就像内心的一把火，把它展示出来。拍卖市场也可以提供好照片，但是太贵了，以前是两三千元一张，但现在都是1万到1.5万。现在，资金准备要比以前多得多，这也是无可奈何的情况。

观　　众：非常感谢给我这样的机会，我是美术馆的一个老朋友了。想请问陈丹青老师两个问题：第一个，我看您和韩寒的交流，其中有一个词叫奢侈，我觉得今天可以和您见面很奢侈，从单位请假出来见您一面也很奢侈。这些老照片我可以看到也很奢侈。像陈老师说的，上海五类人缺失之后，像我们80后这样，人生长在无根基的未来，我们将何去何从？我们如何在黄浦江上漂？我想听一下你的回答。

陈丹青：不仅是上海，全中国有几类人永远没有了。像胡适那样的人。有一种人格，一种人群，1949年之后很成功地被铲除了，已经绝种了。但中国人口比以前多得多，没关系，慢慢来，现在是80后，什么时候2010后、20后、30后都会起来，只要没有动乱，没有战争，希望各种类型的人群又会慢慢有，但是不会像以前那样，回不去了。世界范围也是这样，他们国家没有"革命"得么厉害，没有把人毁得那么厉害，一些根源还在，但也和以前不一样了。欧洲的老一辈人也会感慨，就是最辉煌的时代、最有品质的人群已经慢慢消失，没有办法。你们有你们的辉煌，你可以做了不起的事，也可以做到让人尊敬。

观　众：我要向徐宗懋（秦风）先生提问，您笔名秦风是什么意思？第二个问题是有关朱谌之的遗骸问题。

秦　风：秦风，这个笔名我现在讲会有点不好意思，我希望自己有一个明星的名字，这是我最早的动机，现在有点不好意思。有朋友进一步解释，秦是代表陕西，古老的中国。或许吧，我潜意识有这个东西。但是我在台湾，被认为是有强烈的中国意识。当然，在大陆几乎人人都是如此。但是在台湾，这很容易被贴上政治、文化的标签。我的形象，强到不需要通过名字代表我的"属性"。

朱谌之女士的遗骸问题，在大陆有一部分像您这样的读者读到了，也不见得所有的人都知道。我这里简单地说一下。我做《老照片》不完全从艺术的角度，而是从很多文献的角度。我是一个记者，老照片有时候是记载事实的载体。朱谌之是1949年中共华东局派到台湾很重要的角色，她的任务是联系国民党当时国防部副部长吴石，吴石当时决定替中共做事了。台湾当时对蒋介石来讲，是最后一击。在那个情况下，朱谌之对党的事业要做出很大的贡献，这个事情最后失败了。她被抓了，吴石被抓了。整个中共台湾工作委员会的系统近四百人被抓，其中一半以上被枪毙了。因为共产党这时候要全面大胜了，国民党这时候在最后的关头下了重手。朱谌之当时被枪毙了，埋在某个地方。我通过一些照片，在台湾举办"1950仲夏的马场町"影像展，就是讲1950年枪毙中共地下党和左翼分子的历史场景，里面就有朱谌之、吴石在法庭上的照片。当时台北市长是马英九，文化局长是龙应台，龙应台说要反思过去，可以办这个展览，但是她没有把握，就安排我去见马英九，把照片拿出来，说这是否可以展？马英九说"可以"。他还动用了他的第二准备金，因为文化局没有钱，市长有他的小金库，他可以决定临时动用这个钱。后来在台湾的"二·二八"纪念馆，展出当年国民党枪毙中共地下党的影像，非常震撼。但这个影像有很大的意义，这是国民党第一次正面面对自己的历史。这个展览，在台湾吸引了非常多的观众。我放的一部分老照片，引起朱谌之女儿的注意，她和我联系，说希望可以找到母亲的遗骸。当时我找了一年多没有找到。后来我找到了一个很重要的角色，就是朱谌之的继女，朱当时躲在她家里，这个继女是在国民党保密局里面工作。当时觉得这对我来讲，这个追访、追查对我心里冲击太大了，我受不了。我搁笔了，没有再查下去。朱枪决后，她的继女没有收尸。谁收了？不知道，要继续追查，台北殡仪馆说没有这个资料，那么多年前的事不知道。这两天我的一位台北同事告诉我说，一个大陆的文史作家看了我的文章，赶到台湾去追访了一些地方，他说他找到一个殡仪馆，当时是接受中共地下党被枪毙，没有人认尸的骨灰。这个骨灰里面有名录，有朱谌之的名字，已经和她的女儿说了这个情况。她的女儿希望我可以把最后的事情确定一下。因为在朱谌之的家乡定海已经盖有她的烈士纪念馆，举办了很隆重的仪式。

倒过来讲，为什么国民党要面对过去曾迫害共产党的历史？道理很简单。你要讲人权、讲民主的话，只能从你曾经踩过的历史，从这里开始道歉。如果不经过这个过程，国民党不可能重新再来的。马英九当时接受了他必须要经过的历史过程，他做了。后来我把这个过程写成文章，龙应台又把这个过程写成另一篇大作，刊在《中国青年报》的"冰点"上。……

观　众：上海和台北是两个截然不同的城市。秦风先生，您觉得上海和台北最大的区别在什么地方？近代史上出了很多大的摄影家，有一位是郎静山，到了台湾，我想知道他的晚年情况怎样。

秦　风：郎静山晚年过着闲云野鹤般的生活，和他的作品一样，很惬意。他搞摄影活动，中国摄影家协会是他成立的。他活了一百零几岁，也出国办展览，我觉得在人生晚年过得很开心的，他是其中一位。另外一个问题是上海和台北，我觉得全世界大概没有一个城市像台北那样的像上海，或者像上海那样的像台北。首先，国民党就是浙江政权，不是南京就是上海，浙江人、江苏人。如果今天我放蒋经国的录音带给你听，你一定会吓一跳，和你父辈的口音一模一样。他带去台湾建设，就是那种圆环建设，大陆现在也很少有这个概念。圆环是欧洲休闲城市标志，当年留法的学生带回去的，南京的新街口原来有圆环，拆了，现在他们又想恢复。到台湾就有圆环这种东西。台湾讲话有一部分跟上海相似，比如说，报纸的标题会出现"乖乖隆地冬"、"不搭界"，我们小时候就看这些标题，这些完全是上海话过去的。还有第一百货公司，台湾最早1965年有电梯的大型百货公司，那个开幕照片你拿过来看，和30年代南京路一模一样，包括对台湾电影工业、百货业、城市风貌，上海的影响都非常显著。我觉得台湾人，尤其台北人到大陆生活，最不存在适应问题的就是上海。当然，就人口规模来说，上海会比台北大很多，但这并没有本质上的区别。

观　　众：我最感触陈老师的一个文章，是有关当代教育的批判，我对这个问题很感兴趣。能不能请陈老师在这方面讲两句？

陈丹青：教育我就不多讲了。这样的展览我不看作是艺术展览，而是教育展览。让上海人走进来，知道上海原来是什么样子。这我很钦佩冯先生，曾去过他的编辑室，在山东画报出版社。因为我90年代回中国的时候，到任何书店，我看到《老照片》就一期期地买，我见了他才知道是他在做这件事。这件事其实现在被低估了，而且大家还不是非常知道老照片的价值是什么。说是怀旧，实际上就是对抗教育，用另一种教育告诉你们，中国过去不是像你们说的那个样子，还有其它方面，这是《老照片》的功劳，他一直一个人在做。

秦风是一个怪人，刚才有人说台北和上海怎么像，说的是表层，至少上海没有一个秦风，没有一个秦风满世界跑着去找老照片……上海和台北怎么比？不可能比！上海现在没有蒋勋、没有林怀民，所有台北跑出来的怪人上海现在都没有。过去亚洲最怪的人都在上海，轮不到台北，轮不到东京。1949年以后，这样的上海就拱手送给日本、送给香港、送给台北了，上海就谦虚了，弄点商品就可以了。

观　　众：我来自广西比较偏远的一个地方。我想问陈丹青老师两个问题，一个是自信。现代年轻人或者是外乡来上海的人比较不容易自信。80后也有很厉害的，像韩寒，他可以很牛地说"文坛是个屁"。陈老师也可以说"我不在乎我是一个画家，或者是一个作家"，这都是很自信的体现。我想问，现代年轻人如何重拾自信？还有关于快乐的问题，现在人也不怎么容易快乐。我也听李敖的讲座，他讲座当中也说到，现代人的生存还是要有一些生存之道，如果你不能很好地拥有生存之道，就必须有一些安平乐道的观念。这样如何寻找快乐呢？

陈丹青：又是自信，又是快乐，很难。我想，你应该比我自信，你这么年轻，年轻就足以自信。你是"80后"，才20多岁，时间银行里面还有很多钱，不要怕。

至于幸福（快乐）这件事，我觉得统治你们这代年轻人多了一个办法。统治我们的时候只有那一套，就是管着。而现在，既管着你们又把你们扔到竞争里面，资本主义的那套也用进来了。年轻人毕业之后要找女朋友、要买房子，太花钱了，我们那代人还不至于这样。一不留神，你身边的同学买车、买房了，而你还在做小白领，朝九晚五，你会在你的同学面前不自信。但是你已经提到了韩寒，我相信不买账的人总是有的。但是引进这两个机制，一方面社会主义管着你，一方面扔你的到资本主义无情的竞争当中，脱颖而出的概率可能会少得多，取决于你的性格怎样。一样的，广西现在也不会出白崇禧、李宗仁这样的人。

观　　众：中国今后文化或者说在这个文化中的影像，是现在人做的影像未来的方向。我看过一些介绍，说是当一个国家的经济发展到一定程度的时候，经济崛起以后，她的文化随之会得到提升和关注。前段时间绘画市场的热卖，一定程度上被认为是对人民币升值和中国经济提升的展望。在这样的前提下，中国经济越来越好的情况下，请问三位，从艺术角度请陈老师展望一下未来中国的艺术走向高度。有人说，它将是未来的盛世，和经济是同等的盛世。请另外两位影像方面的专家看一下未来中国现代影像会是怎样的？从20年后、30年后看，今天拍摄的上海影像也是老照片。从现在展望未来，这些影像作品的方向会走向何方？

冯克力：刚才你谈的第二个问题我简单的谈一下我的想法。正像您刚才说的，现在我们拍的每一张照片将来都会成为老照片，这个趋势是不可抗拒的。这些年我通过做《老照片》，有一个感受就是，越真实记录当时场景、生活的东西越有价值。我们有时候完全从摄影、构图的角度考虑，想把摄影、照片拍得很干净，画面很简洁。通过做《老照片》，我希望保留更多的照片上的信息。过去有些照片，很明显是摆拍的照片。像《老照片》登过20世纪初外国传教士在烟台拍的照片。这张照片是一个家庭祖孙三代的合影，在合影照片上，他们坐在一张桌子后面，老人在前面，儿子、孙子在旁边站着。桌子上面，把当时他们家里所用的时髦东西都摆放了：水烟袋、石油灯等，这明显是一张摆拍的照片。为什么过了这么多年后我们看这张照片的时候，反而不反感里面的种种摆布，反而觉得有价值？因为这张照片保留了许多当时生活的细节和信息。照片记录生活、社会，是带有全息的性质。我觉得，还是更真实、更接近生活本真的照片更有意思。法国一个摄影家马克·吕布，他五六十年代拍的反映中国人生活的照片和新华社记者拍的照片就很不一样。新华社的记者是为了宣传某个东西而拍的，带有某种观念，但是马克拍的照片真实记录了中国人生活的细节，是原生态的东西。这样的照片，可能拿到新华社觉得没有意义、没有意思。我在他们资料室找到了很多这样的很好的照片，他们当年认为没有价值、被淘汰的照片，但是现在回过头看，恰恰当年被淘汰的那些照片反而更有价值。

秦　风：老照片的性质或者承载的东西，我认为有三种。老照片可以是广义的知识，是信息方面的。老照片是知识的载体，是艺术的载体，还有资本的载体，这三种载体都可能出现在同一张老照片上。知识的载体和艺术的载体，可能比较偏重；作为资本的载体，是这一两年的事情，一涉及到买卖，不稳定性、不确定性就很高。知识、艺术的载体，我认为本质和美术没有太大的差别。美术，你怎么看待美术和今天社会的关系，然后推断未来如何看待今天的美术？几乎可以推理应用在你刚才说的问题上，就是未来的人怎么看今天的摄影。还有一种不同的，就是老照片的纪实性格，在纪实的表现上会有很多的论述、理论，几乎是一本博士论文的题目。我不认为我今天三言两语可以回答这个问题，但是我觉得可以试试看把它当做一个大课题研究，因为这需要很大的功夫，对整个社会有细腻的观察才可以很准确的回答。冯老师已经表达了他的看法，纪实的东西可以真正地留下来，这部分我不能断言，我即使做了多年的老照片，我想我要考虑很久，做很多研究才敢回答这个问题。美术的部分可以请陈老师谈一下。

陈丹青：你是问一个国家有钱之后，文艺是不是也会好，是这样的意思吗？你相信吗？

观　　众：美国文艺1840年左右开始兴起，那时候也是美国经济发展，逐步成为世界强国的开始。中国经过30年的改革开放之后，您前面讲的人群消失了，我觉得是您儿时的记忆。我也是上海人，70年代生，我对上海是另一种印象，也会有我小时候的上海，在现在的上海已经找不到了。我本人是做视觉传达的，我对回忆过去自己生活的城市也有自己的想法。我始终觉得，共产党无论有多少问题，但是30年的发展之后，中国还是有日新月异的变化。我觉得在座的各位也可以感受到自己小时候和现在生活上的区别。我想问您，当经济发展了以后，当大家生活都好了以后，自己国家文化未来的走势会怎样？历史上，前面讲的都是有经济的铺垫才有文化的飞跃。包括日本，60年代经济领域发展之后，艺术流派都有自己的代表人物。中国未来是否也会这样？中国现在的文化，至今不管是绘画、音乐界，可以得到世界认可定位为世界大师的并没有，您也是搞视觉艺术的，而且是到欧美去过再回来，请从您的角度看看未来文化的方向，也是对我们年轻人中正在追求这方面人的指引。

陈丹青：你的话题是很容易有争议的。通常说一个国家、一个时期经济起来了，文化也会起来，这是唯物主义的断证模式，是经济决定论，从马克思那里过来。我所知道的历史不是这样的，有一部分可以套这个模式，有另外一部分不可以套这个模式，历史太多了，西方的历史、中国的历史我们说不完，我可以拿出10个例子，你也可以拿出10个例子，这是要争议的事情。我们就缩小到这100年的中国，情形正好相反。只要有一小点自由，一小点乱，艺术马上就出来。一个是一二十年代军阀混战，"五四"运动的时候，真是群星灿烂，但那时候国家乱得一塌糊涂，你看看鲁迅他们的日记，一会儿全城管制，一会儿火车不通了，一会儿十多天的枪声……蔡元培在办北京大学，教授治校，是中国目前为止的教育黄金时代，就在那时候。其次是抗战前后，1927到1937年是中国的好时候，初告统一，但论经济，也只是刚刚起步。上海的黄金时代，就在那时候。沦陷期间，上海出现了张爱玲，和经济、和政治有关吗？1945年到现在，有哪个人可以在文学才华敏感度方面和她比？我觉得没有。这是一个有争议的问题，1949年以后，建国初年，50年代出过一批好作品。60年代闹饥荒，经济一塌糊涂，内在矛盾很厉害，稍微松了一松，陈毅代表党向知识分子脱帽鞠躬，

7000人大会就是在1962年左右，稍微松一松就出一大批作品，《林家铺子》、《早春二月》都在那时候。之后"文革"，又出了一批作品，是林彪完蛋，折腾不起了，手松了一松，这时候陈逸飞、魏景山还有我们这些，都出来了。国家不成样子，80年代不改不行了，稍微有些地方松了一松，文艺就会好，和经济毫无关系。包括我回来的时候，2000年，中国还非常土，就那么几年工夫，经济增长率累计到一定的高度，但是这些年有什么非常重要的，可以和前面几个时期抗衡的作品或者人物，有吗？今天你看到的绘画拍卖都是数字，但是没有人讲那张画真的那么好，都是数字。这是唯物主义的思考模式，我不这样看问题，但我非常希望这是真的，越有钱文艺越好，但看到的却不是这样。

观　众：目前上海有来自全国各地的工作人口。二十多年前，上海比较排挤外地，现在比较包容了。但有一个问题，各行各业有很多单位，上海出生的孩子竞争不过全国各地来的孩子。为什么？我们同事间也会谈这个问题，一个朋友也说，我儿子以后和其它地区来的孩子竞争，不如他们，怎么办？工作上碰到很多困惑的地方。我也没有办法赶快把女儿送到美国受教育，也不知道孩子以后会怎样。我想请教陈老师，是否可以解读一下为什么上海和全国各地的孩子们相比工作能力上会差一些？

陈丹青：上海被"宫"掉了，我刚才讲过了。"宫"了以后有些激素就没有了。我小时候弄堂里面的上海男孩皮得一塌糊涂，有的以后判刑进去了。多少年后大家四五十岁见面，都是公司老总。你去看现在混得好的，都是小时候不好好念书的，皮得一塌糊涂。我也受了毛主席的教育，我从来不相信读书的，我从来不相信大学会出人才。你是什么大学毕业的？

观　众：我是学中文的。

陈丹青：上海太乖了。泼辣的一个上海消失了。我刚刚接受上海一个杂志的访问，关于周立波做了调查，说能不能代表上海，我说根本不代表上海，不代表现在的上海，代表消失的上海。他就是小流氓，很皮的小孩。这种人慢慢会绝根的。

观　　众：我们下一代的人怎么办？

陈丹青：不要怎么办，享受嘛。

观　　众：孩子和同学间的竞争呢？

陈丹青：全世界都是一样的情况，纽约、巴黎、伦敦的孩子都在没落，这些城市可以出来，是因为全世界牛的人都往那边走，巴黎、伦敦本市很少出人了，这是全世界的情况。一旦你稳定，因为有几十年的和平，一旦日子好过了，就怕吃苦、怕冒险，这样不可能出人才的，让孩子去马路上野去。都是父母宠出来的，父母又都是失败的一代，父母要让他考试，但这个没有用的。"宫"掉以后就是这样的状态，现在我们集体"自宫"。

观　　众：现在他去外面接受教育，以后回来会很困惑。因为他到那边受了教育，觉得那边很阳光，很开心。一开始在美国加州大学读书，感觉回来很困惑，说那边生活会更习惯。

陈丹青：我也很困惑。重建年轻人信心的问题，我真的无法回答，你们真的应该自己自信起来。我知道，在这个情况下，我很牛，我要是现在活在二十多岁，可能我也和你们一样。这种恶性竞争在现在的空间里是非常磨损年轻人的朝气的。等你明白的时候已经三十多了，下面的年轻人又上来了。这样的恶性竞争是灾难性的一个制度引入。意识形态控制还在，市场竞争又起来了，这对你们年轻人都非常奏效。还没有长成样子就已经很乖了，知道这个社会是一个个的问号。

观　　众：我听你讲，很多家长对孩子太好，给他们准备好一切。我不是说生活上的照顾，而是在社会上怎么让他自己锻炼？

陈丹青：就是让他受委屈，被人打了就被人打了。

观　众：今天到位的大多数都是我的长辈，我作为一名大学生，代表五位大学生问陈老师一个问题。作为现在艺术类大学生，怎样才能更好的充实自己，为自己未来充电？您对我们有什么建议吗？很期待您的回答。

陈丹青：学位拿到就可以了，一点都没有建议。父母花这么多钱让你上大学，不就是为了一个学位？

观　众：光拿学位也不行。

陈丹青：那是你自己的事情，你要想变成丰富的人，这和大学没有关系，要自己让自己高兴起来。

观　众：如何高兴起来？

秦　风：我帮陈老师回答一下。这个答案是一个禅学里老套的答案，就是你要寻找一个秘笈的时候，你打开秘笈只看到一面镜子，看到的是你自己。他要回答你的就是这么一个简单的答案。

观　众：你说过在影像作品中最让你觉得最真实的就是侯孝贤《海上花》，我也觉得这部电影是讲上海讲得最好的。关于上海和影像方面的，您再多讲一些好吗？您也讲过《色·戒》当中您看到一个地方，一个刺点，突然让你有出神的瞬间的感觉。我觉得一般人很少能讲成这样。

陈丹青：你去看所有黑白老电影，30、40、50年代包括60年代，《李双双》、《今天我休息》。电影当中也许是革命题材，也许是农村题材，也许是和上海毫无关系的，但是过了这么久，在我看来，每部电影都在说上海，有上海的气息，上海对世界的理解。上海人在表述一种人物的时候，东北人不是这么表达，北方人也不是这么表达。当年，北方人拍的电影也是请上海的演员，《早春二月》我觉得是经典，孙道临他们都是上海出道的。演林道静的谢芳是湖南人，非常风雅、有品质。那个导演还是无产阶级出身的小八路，居然可以导演这么斯文的电影。你现在全国最有教养的导演他都导不出来。我在纽约现代博物馆看了非常好影像版的《早春二月》，非常惊讶，和好莱坞电影、法国电影完全在一个水准上，气质太好了，从头到尾的镜头衔接、从头到尾的忧郁，又很纯净的。大家看看原版电影，太到位了。1948年还有《小城之春》。

刚才一位70年代的，你说这30年国家经济进步等等，我绝对肯定这30年。但是我有另外一个观点，在另外一个学者的文章里面被证实了。他说改革开放30年不是进步，而是倒退。这个讲得对，这些期间发生的，只不过在1949到1979年被禁止，本来就这样，中国人本来就聪明勤劳，本来就应该创造很多财富，本来什么事情都应该发生的，只是不让你发生。实在混不下去，手一松就变成今天的样子。

秦　风：我分享一下我来自台湾的感觉。我完全理解在大陆几代人可能的感受。我受国民党的教育，党国的思想体系、意识形态很清楚，那种教育给你压抑的同时，也是你幸福感的来源，你觉得你有所归属，你属于一个东西，你属于一个想法。我非常理解。一代人为什么这么愤怒？并不是不理解这种深刻情感的投入，而是觉得他们被背叛了，这是愤怒的来源。我们在台湾，在今天台湾的政治，我们一定支持国民党，因为没有其它的选择，没有其他可以依附的精神根源。不管有多少的不满，还是呵护着现在的环境。在2000年国民党下台的一刻是很特别的感觉，有很多人说灾难来了，因为台独要上来了，中国属性的政党已经不再了，接下来要被台独统治了，那种恐慌很强烈。另外一方面，国民党常年党国体系所赋予的压抑和幸福感的根源也解放了。我这样讲你们可能不太感受到，因为在大陆不可能会有类似的事情。但是国民党又重新上台。这对我们来讲太重要了，常年压在我们身上的枷锁，有时候愤怒和深爱太接近了，甚至是同一种东西。愤怒，并不是来自本质上的仇视，而是觉得他当年所相信的一切并不是那样的，被背叛了，这个背叛是真正的愤怒来源。但是愤怒来源和深爱是一线之隔。台湾政党轮过之后，过去曾经在教育体系附在我们身上的枷锁，我觉得那一刹那解放了。当然不表示说历史就结束了，因为明显国民党还要上来，还要轮个三四次。我做一个解释，我完全了解你们说的。除非你们共同经历另外一个截然不同的时代。我们经历过那样的时代，知道中央政府是一个政府，城市是另外一个政府，另外一个反对党，他们之间如何相处？你们不可能经历这样的体验，但是这样的体验当中你能不保持被分裂？这是很大很深的问题。

观　　众：我在人民大学拿到一个政治博士学位。是体制内的孩子，想和陈老师您做一个对话。共产党犯过很多错误，他们也承认，说这是十年动乱、十年浩劫，写入了教科书。我们批判他，不可否认。我们基于人权或者这方面的历史来看，用影像或者其他方式揭开历史直接的后果是什么？是政权的垮台，就像苏联制度。如果它自己否定自己，它最后结果就是垮台，这后果是很可怕的。苏联自己否定自己，把自己很多的错误以公开发布的方式告白天下，就导致了秦风老师所说的，很多老百姓看到了历史真相，感觉自己受到背叛，所以抛弃了。苏联倒台的时候，没有任何人挽救，结果就是超级大国的垮台，对历史造成的灾难性也有目共睹。我看过您的很多文章，包括您在招研究生的过程中发生的一些事。我们对体制内的批判，是否可以以更建设性的方式去看待？不能说，我们抛弃它，因为有很多的问题。小布什政府完蛋了，民选政府由奥巴马接掌。但是我们的体制如果抛弃了会怎么样呢？这是我们思考的问题，是一个更根本的问题。我们只能以建设性的态度去看待这个问题。我始终觉得，我们不能全盘地否定，至少目前来说我们还没有找到更好的方式。西方政治学理论也说了，有什么样的人民就有什么样的政府，这是我们自己塑造的政府。但是我觉得，我们老百姓在成长的过程中，像集权主义这样的东西也进来了，我们看到中国人的精髓也在改变，但我们是否可以以更好的处理方式去对待？而不是仅仅说你这个东西要完蛋了，不行了，我觉得这个态度值得商榷。

陈丹青：你的老师是谁？

观　　众：我是国际关系专业的。不瞒您说，我的老师非常牛，但是我不方便透露。

陈丹青：谢谢你告诉我，你要不说可能我还不知道。我也会考虑去人民大学读书。

张　　晴：谢谢大家，今天几代上海人会聚一堂讨论上海，讨论上海社会思想、历史文脉及其底层生态的变迁，已经超越了影像史的本身，也真因为如此，影像史才体现出其文化价值与历史意义。就像陈丹青指着一张外滩栏杆的图片告诉我们说："设计得多好，这么简单，而今天，为什么设计得如此华而不实？"其实就是回答了刚才很多朋友提的问题，什么叫自信？想当年，上海的设计、建筑、人物和小弄堂里讲话的腔调都非常自信的。我们的影像日记是为了通过这一段影像史来反思百年上海社会的变迁，反思如何来重建我们上海的自信，让上海今后的日常生活生活方式中优雅、美好的一部分重新回到上海的血脉之中！

（漫谈会文字经编者摘录、整理）

幽扬的生命之歌　｜　后记

秦　风

收藏老照片的行家都很清楚，中国历史影像中最丰富多彩，同时最昂贵的便是上海影像作品。这种情况其实背后有一定的道理。

1843年"五口通商"之后，原本云集广州的洋商悉数涌入上海，不仅如此，新的商业冒险家和专业人士也立刻跟上脚步。上海街市上出现各种新兴买卖，其中一项生意兴隆的行业就是照相馆。一开始是西洋的摄影师，接着跟着学照相技术的中国人也自立门户。由于上海旅游业蓬勃发展，国际人士进出频繁，上海纪念照片的需求量甚大，知名照相馆均推出各种款式、尺寸的上海照片，包括外滩、西式建筑、警察、庶民等等。这些画质亮丽的照片传布远方，招引了世人钦羡的眼光。

到了民国时期，由于首都设于邻近的南京，上海的地位性更高了，除了原本的经济实力外，现在更具备了政治影响力；商人之外，同时也进驻了文学家、艺术家、出版家以及政治家等等。这璨如繁星的城市记忆均有赖于摄影的记录，它们化为单张照片、明信片、画报等等，穿越时空，成为一种永恒。

新中国成立，虽然上海褪去了殖民主义的色彩，但仍然是全国工商业重镇，无论在经济实力或政治象征上，上海仍居全国之首。可以想象，一个跨越百年时空的上海影像展必然涵盖了无穷尽的历史、文化和艺术信息。

秦风老照片馆自1998年成立之后，广泛收集中国历史影像，其中即包括相当数量的民国上海老照片，尤其是上海艺文界活动以及抗战初期淞沪战役的照片。2005年抗战胜利60周年纪念，秦风老照片馆与北京《三联生活周刊》合作制作抗战影像系列，其中首次刊载了完整的淞沪会战影像，许多照片为首度公开，在中国文化界产生了较大的影响。此后五年，秦风老照片馆把上海当成一个重要的主题，搜藏内容向前延伸到晚清时期，向后则扩展到新中国，无论数量和质量上都取得一定的成果。这次承蒙上海美术馆的邀请，秦风老照片馆从数千张画质精良的老照片原片和纸片中，精选出770多张，参与"魅影海上"的展出，以与喜爱文史艺术的市民朋友们分享。

对于秦风老照片馆而言，影像并非只是黑白或彩色的光影，而是沉淀了土地、人民、岁月的记忆，是幽扬的生命之歌。透过影像的收藏和欣赏，我们让生活更美好，让生命更璀璨。

写于台北

2010年开春

Unfading Lyrics in Tribute to Life | Postscript

by Chin Feng

Connoisseurs of old photos are well aware of the fact that the most spectacular historical images and thus the most expensive ones are those related to Shanghai. There are good reasons behind this.

After the opening of the five treaty ports of China in 1843, foreign merchants originally gathered in Guangzhou (then Canton) flocked to Shanghai, and new business adventurers and professionals soon followed suit. Brand-new businesses emerged in Shanghai's streets. Among the most popular trades were the photo studios, initially run by Western photographers and later by independent Chinese owners who had learnt the trade. Thanks to Shanghai's soaring tourism industry and frequent visits by foreigners, the demand for memorial photos grew so huge that all the big-time studios were offering photos of Shanghai in various sizes and formats, including those of the Bund, Western architecture, policemen and ordinary people, etc. These suggest stunning photos were sent to faraway places and became much appreciated by many.

During the Kuomintang era when Nanjing (then Nanking) was the capital city, Shanghai rose further in terms of its political influence, in addition to a strong regional economy. In addition to merchants, Shanghai became home to a growing number of litterateurs, artists, publishers and politicians. The countless memories associated with the city, as great in number as the stars in the sky, relied heavily on photography as a means of recording and were captured and transformed into a single photo, a postcard or a poster, transcending the limit of time-space and living on eternally.

With the Communist victory, Shanghai outlived its colonialist past yet remained an essential seat of industrial and commercial development. Shanghai's leading role, both in economic strength and as a political symbol, was yet to be challenged. We can therefore imagine the enormity of such an image-based exhibition spanning one hundred years and presenting inexhaustible information on history, culture and art.

Since its inception in 1998, Chin Feng Old Photos Gallery has been dedicated to the collection of historical images of China, a substantial part of which are photos taken in Shanghai during the Kuomintang era, highlighted by the images of Shanghai's historical art and cultural scenes and the military operation in the wake of the anti-Japanese war. In 2005, on the 60th anniversary of China's victory, Chin Feng cooperated with Life, a Beijing-based weekly magazine, for an influential feature known as the Anti-Japanese War Series, which marked the first time these wartime images were published in entirety, with many of the old photos making their first public appearance. In the subsequent five years, Chin Feng further bolstered up its Shanghai collection as an important theme, expanding its content to include the late Qing Dynasty and the new China periods, which proved successful in terms of both quantity and quality. At the invitation of the Shanghai Art Museum, Chin Feng handpicked more than 70 old photos from its collection of thousands for the Phantom on the Sea exhibition, where they can be appreciated by admirers of art and history in the city.

To Chin Feng, images are more than works of light and shade in black-and-white or in color, but rather, they are unfading lyrics about the memories of land, people and the bygone days, making for a glorious tribute to life. Through the collection and appreciation of the images, our lives become better and our very existence shines brighter.

Taipei Spring 2010

图片索引 | Index

第一部分　晚清时期

新军训练　　P2
捐赠 / 陈丹青　秦风老照片馆
上海美术馆藏

旧城墙　蛋白照片　　P4
提供 / 三人行老照片艺术馆

上海的独轮车　　P5
图片来源：摘自《中国及其人民之影像》
（约翰·汤姆森1873年出版）

上海的纺纱机　　P6
图片来源：摘自《中国及其人民之影像》
（约翰·汤姆森1873年出版）

外滩　蛋白照片　　P7
提供 / 三人行老照片艺术馆

南望外滩　蛋白照片　　P8
提供 / 三人行老照片艺术馆

外滩公园和周边建筑　　P9
提供 / 三人行老照片艺术馆

外滩气象台　　P10
捐赠 / 陈丹青　秦风老照片馆
上海美术馆藏

租界内的水塔　　P11
提供 / 三人行老照片艺术馆

租界的纪念仪式　　P12
捐赠 / 陈丹青　秦风老照片馆
上海美术馆藏

湖心亭　　P13

捐赠 / 陈丹青　秦风老照片馆
上海美术馆藏

豫园　　P14
提供 / 三人行老照片艺术馆

龙华塔　　P15
提供 / 三人行老照片艺术馆

龙华寺　　P16
提供 / 三人行老照片艺术馆

江海北关　　P17
提供 / 三人行老照片艺术馆

外滩建筑　　P18
提供 / 三人行老照片艺术馆

英国总会　　P19
提供 / 三人行老照片艺术馆

外滩公园音乐亭　　P20
提供 / 三人行老照片艺术馆

马加礼纪念碑　　P21
提供 / 三人行老照片艺术馆

常胜军纪念碑　　P22
提供 / 三人行老照片艺术馆

洋泾浜　　P23
提供 / 三人行老照片艺术馆

六马路　　P24
提供 / 三人行老照片艺术馆

福州路　　P25
提供 / 三人行老照片艺术馆

圣三一堂　　P26
提供 / 三人行老照片艺术馆

福州路上的茶馆　　P27
提供 / 三人行老照片艺术馆

公泰照相馆的外滩全景　　P28
提供 / 三人行老照片艺术馆

第二部分　民国风云

沪军高级军官群像　　P32
提供 / 秦风老照片馆

蒋介石拜把兄弟张群　　P34
提供 / 秦风老照片馆

投身革命的蒋介石　　P35
提供 / 秦风老照片馆

孙中山寓所集会　　P36
提供 / 秦风老照片馆

鲁迅与杨杏佛　　P37
提供 / 秦风老照片馆

鲁迅的遗容　　P38
提供 / 秦风老照片馆

蔡元培寓居沪、宁两地　　P40
提供 / 秦风老照片馆

胡适笑谈上海往事　　P41
提供 / 秦风老照片馆

上海滩的显赫人物　　P42
提供 / 秦风老照片馆

193

上海影业与美国好莱坞同步 P43	外滩附近的露天市场 P58	上海美术馆藏
捐赠 / 陈丹青 秦风老照片馆 上海美术馆藏	捐赠 / 陈丹青 秦风老照片馆 上海美术馆藏	淞沪会战·日军攻击招商局码头 P75
京剧大师梅兰芳 P44	虹口的日本侨民居住区 P59	提供 / 秦风老照片馆
捐赠 / 陈丹青 秦风老照片馆 上海美术馆藏	捐赠 / 陈丹青 秦风老照片馆 上海美术馆藏	淞沪会战·日军攻占上海市政府 P76
影星胡蝶 P45	百老汇大厦 P60	提供 / 秦风老照片馆
捐赠 / 陈丹青 秦风老照片馆 上海美术馆藏	捐赠 / 陈丹青 秦风老照片馆 上海美术馆	淞沪会战·日机轰炸北火车站 P77
熊式一由英返沪 P46		提供 / 秦风老照片馆
提供 / 秦风老照片馆	**第三部分 抗战烽火**	淞沪会战·日军对上海闸北 地区的轰炸 P78
蓬勃的上海造船业 P48	"一·二八事变"·阵亡将士悼念大会 P64	提供 / 陈丹青 秦风老照片馆
提供 / 秦风老照片馆	捐赠 / 陈丹青 秦风老照片馆 上海美术馆藏	淞沪会战·日军战车穿越市区 P80
外滩的传奇 P49	"一·二八事变"·阵亡将士挽联 P66	捐赠 / 陈丹青 秦风老照片馆 上海美术馆藏
提供 / 秦风老照片馆	捐赠 / 陈丹青 秦风老照片馆 上海美术馆藏	日军规划"上海神社" P81
外白渡桥鸟瞰 P50	"一·二八事变"·广东妇女的 救援工作 P67	提供 / 秦风老照片馆
捐赠 / 陈丹青 秦风老照片馆 上海美术馆藏	提供 / 秦风老照片馆	**第四部分 内战转折**
黄浦江上的中国海军军舰 P52	法租界的阅兵典礼 P68	美军在上海街头猎影 P84
捐赠 / 陈丹青 秦风老照片馆 上海美术馆藏	提供 / 秦风老照片馆	提供 / 秦风老照片馆
四川路桥与上海邮政总局 P53	淞沪会战·全副新式设备的 中央教导师投入战场 P69	街头的乞妇 P86
捐赠 / 陈丹青 秦风老照片馆 上海美术馆藏	捐赠 / 陈丹青 秦风老照片馆 上海美术馆藏	提供 / 秦风老照片馆
南京路上的双层巴士和电车轨道 P54	淞沪会战·中国军队驰援前线 P70	早餐店里的上海人 P87
捐赠 / 陈丹青 秦风老照片馆 上海美术馆藏	捐赠 / 陈丹青 秦风老照片馆 上海美术馆藏	提供 / 秦风老照片馆
"国际饭店"及"大光明电影院" P55	淞沪会战·黄浦江上的英美军舰 P71	二胡小贩 P88
捐赠 / 陈丹青 秦风老照片馆 上海美术馆藏	提供 / 秦风老照片馆	提供 / 秦风老照片馆
20世纪30年代的南京路 P56	淞沪会战·炮火中的北火车站 P72	三轮车夫 P89
捐赠 / 陈丹青 秦风老照片馆 上海美术馆藏	捐赠 / 陈丹青 秦风老照片馆 上海美术馆藏	提供 / 秦风老照片馆
南京路夜景 P57	淞沪会战·商务印书馆废墟 P74	茶馆 P90
捐赠 / 陈丹青 秦风老照片馆 上海美术馆藏	捐赠 / 陈丹青 秦风老照片馆	提供 / 秦风老照片馆
		理发店 P91
		提供 / 秦风老照片馆
		肖像画师 P92
		提供 / 秦风老照片馆

童颜　　　　　　　　　P93	第七届全国运动会·台湾省代表队　P109	提供 / 秦风老照片馆 上海美术馆藏
提供 / 秦风老照片馆	捐赠 / 陈丹青　秦风老照片馆 上海美术馆藏	里弄里的小区卫生　　　　P126
市场　　　　　　　　　P94	黄金交易所　　　　　　　P110	提供 / 秦风老照片馆 上海美术馆藏
拥挤的苏州河　　　　　P96	提供 /《老照片》编辑部	参加劳动的少先队员们　　P127
提供 / 秦风老照片馆	打击商人非法屯积活动　　P111	提供 / 秦风老照片馆 上海美术馆藏
苏州河畔　　　　　　　P97	捐赠 / 陈丹青　秦风老照片馆 上海美术馆藏	上海制皂厂出品的香皂成箱 运往全国各地　　　　　　P128
提供 / 秦风老照片馆	上海经济警察到商家检查　P112	提供 / 秦风老照片馆 上海美术馆藏
沪宁线列车·豪华外观　　P98	提供 /《老照片》编辑部	
捐赠 / 陈丹青　秦风老照片馆 上海美术馆藏	## 第五部分 人民中国	"蝴蝶牌"缝纫机　　　　P129
沪宁线列车·宽敞的内饰　P99	庆祝上海解放　　　　　　P114	提供 / 秦风老照片馆 上海美术馆藏
捐赠 / 陈丹青　秦风老照片馆 上海美术馆藏	提供 /《老照片》编辑部	"海鸥牌"照相机　　　　P130
一个普通家庭的卧房　　P100	街头的骑马战士　　　　　P116	提供 / 秦风老照片馆 上海美术馆藏
捐赠 / 陈丹青　秦风老照片馆 上海美术馆藏	提供 /《老照片》编辑部	上海套鞋　　　　　　　　P131
葬礼　　　　　　　　　P101	进城的妇女　　　　　　　P117	提供 / 秦风老照片馆 上海美术馆藏
提供 / 秦风老照片馆	提供 /《老照片》编辑部	钟表店　　　　　　　　　P132
李承晚致谢吴铁城　　　P102	大世界门口的黄金荣　　　P118	提供 / 秦风老照片馆 上海美术馆藏
提供 / 秦风老照片馆	提供 /《老照片》编辑部	试戴手表的男顾客　　　　P133
吴国桢欢迎韩国特使团　P103	"五反"运动期间宣传队员在 里弄教唱革命歌曲　　　　P119	提供 / 秦风老照片馆 上海美术馆藏
提供 / 秦风老照片馆	提供 /《老照片》编辑部	"鹤鸣"牌最新款式的女鞋　P134
联合国救援物资抵华　　P104	"五反"运动　　　　　　P120	提供 / 秦风老照片馆 上海美术馆藏
提供 / 秦风老照片馆	提供 /《老照片》编辑部	试戴丝巾的女顾客　　　　P135
宋庆龄的贡献　　　　　P105	庆祝公私合营集会上的 工商业者家属　　　　　　P121	提供 / 秦风老照片馆 上海美术馆藏
提供 / 秦风老照片馆	提供 /《老照片》编辑部	百货公司童装部　　　　　P136
吴国桢训话　　　　　　P106	人民公园　　　　　　　　P122	提供 / 秦风老照片馆 上海美术馆藏
提供 / 秦风老照片馆	提供 / 秦风老照片馆 上海美术馆藏	其乐融融　　　　　　　　P137
第七届全国运动会·上海代表队　P107	人民广场一角　　　　　　P124	
捐赠 / 陈丹青　秦风老照片馆 上海美术馆藏	提供 / 秦风老照片馆 上海美术馆藏	
第七届全国运动会·上海男篮队　P108	人民广场上的少先队员　　P125	
捐赠 / 陈丹青　秦风老照片馆 上海美术馆藏		

提供 / 秦风老照片馆
上海美术馆藏

工暇　　　　　　　　　　P138

提供 / 秦风老照片馆
上海美术馆藏

第六部分　探索幸福

万吨轮"朝阳号"下水典礼　　P140

提供 / 秦风老照片馆
上海美术馆藏

上海近郊的生产大队　　　P141

提供 / 秦风老照片馆
上海美术馆藏

午后的阳光　　　　　　　P142

提供 / 秦风老照片馆

解放军驻沪部队　　　　　P144

提供 / 秦风老照片馆

笑逐颜开　　　　　　　　P145

提供 / 秦风老照片馆

毛泽东思想宣传队　　　　P146

提供 / 秦风老照片馆
上海美术馆藏

毛笔字写得好　　　　　　P147

提供 / 秦风老照片馆
上海美术馆藏

上海美院师生绘制革命宣传画　P148

提供 / 秦风老照片馆
上海美术馆藏

青年学生的赤忱　　　　　P149

提供 / 秦风老照片馆

"一大"会址　　　　　　P150

提供 / 秦风老照片馆
上海美术馆藏

上海火车站　　　　　　　P151

提供 / 秦风老照片馆
上海美术馆藏

"铁姑娘"　　　　　　　P152

提供 / 秦风老照片馆
上海美术馆藏

农田里的劳动妇女　　　　P154

提供 / 秦风老照片馆
上海美术馆藏

生产队分配大会　　　　　P155

提供 / 秦风老照片馆
上海美术馆藏

青年男女跳舞联欢　　　　P156

提供 / 秦风老照片馆
上海美术馆藏

里根访华　　　　　　　　P158

提供 / 秦风老照片馆

新的大世界　　　　　　　P159

提供 / 秦风老照片馆

画册工作组：
馆长：方增先
执行馆长：李 磊
党总支书记：李 胜
副馆长：张文庆
党总支副书记：王玉林
办公室：鲍薇华
人事部：岳 勋
财务部：严 加
国际交流部：鲍薇华
信息中心：顾建军
学术部：肖小兰 江 梅
典藏部：倪庆中
展览部：杨 奇
教育部：高 茜
总务部：徐 磊
公共服务部：李 炎
保安部：刘称发
发展部：茅宏坤 李越新

鸣谢

秦风老照片馆、三人行老照片艺术馆、《老照片》编辑部、陈丹青先生为本画册提供部分珍贵照片。

Some photos appear in this album by courtesy of the Chin Feng Old Photo Gallery, San Ren Xing Old Photo Gallery, Old Photo Editing Department, and Mr. Chen Danqing.

图书在版编目（CIP）数据

土地·人民·岁月：上海社会思想与生活方式的影像遗产/张晴编著；—上海：上海人民美术出版社，2011
ISBN 978-7-5322-7567-0

Ⅰ.①土... Ⅱ.①张... Ⅲ.①社会学–思想史–上海市 ②生活方式–介绍–上海市 Ⅳ.①C91-092 ②D669.3

中国版本图书馆CIP数据核字（2011）第199949号

土地·人民·岁月——上海社会思想与生活方式的影像遗产

编　　著：张　晴
策　　划：邱孟瑜
责任编辑：邱孟瑜　张旻蕾
特约编辑：樊晓春
英文翻译：陈　健　黄　一
英文指导：Mel Broe
英文编辑：郑　超
装帧设计：严克勤
封面设计：张　驰
技术编辑：季　卫
出版发行：上海人民美术出版社
　　　　　（上海市长乐路672弄33号）
印　　刷：上海丽佳制版印刷有限公司
开　　本：787×1092　1/12　18.66印张
版　　次：2011年10月第1版
印　　数：0001-3000
书　　号：ISBN 978-7-5322-7567-0
定　　价：120.00元